Friends of the
Houston Public Library

Decide ser feliz

MARGARITA GRALIA

Decide ser feliz

Diseño de portada: Factor 02/Eleazar Maldonado
Fotografías de portada y contraportada: Blanca Charolet
www.grupocharolet.com
www.blancacharolet.com
Diseño de interiores: Logos Editores

© 2009, Margarita Gralia

Derechos reservados

© 2009, Editorial Planeta Mexicana, S.A. de C.V.
Avenida Presidente Masarik núm. 111, 2o. piso
Colonia Chapultepec Morales
C.P. 11570 México, D.F.
www.editorialplaneta.com.mx

Primera edición: julio de 2009
ISBN: 978-607-7-00041-9

Ninguna parte de esta publicación, incluido el diseño de la cubierta, puede ser reproducida, almacenada o transmitida en manera alguna ni por ningún medio, sin permiso previo del editor.

Impreso en los talleres de Litográfica Ingramex, S.A. de C.V.
Centeno núm. 162, colonia Granjas Esmeralda, México, D.F.
Impreso y hecho en México - *Printed and made in Mexico*

*Para Ariel,
el amor de mi vida,
de toda mi vida.*

*A la memoria de mis padres,
Haydée y Aldo,
con emoción, orgullo y agradecimiento.*

*Gracias a mis editores,
Gabriel Sandoval
y Daniel Mesino.*

*Gracias Gabriel,
por creer en mí como escritora.
Gracias,
por tus oídos y por tus palabras,
pero más por tus miradas,
inteligentes y bondadosas
que me dieron la confianza.*

*Gracias Daniel,
por haber pensado en mí como escritora.
Gracias,
por permitir "irme por la libre".
Gracias por cuidarme
para que no me saliera del camino.*

*Gracias a Blanca Charolet,
por las fotos de portada. En ellas me reconozo.
Blanca sabe retratar el alma.*

Ser feliz es una actitud para la cual somos aptos.
MARGARITA GRALIA

Prólogo

La mayoría de la gente cree que su felicidad depende de una serie de factores externos que se refieren al hacer determinadas cosas para adquirir ciertos bienes en su vida, tales como dinero, éxito profesional, una familia perfecta, una pareja para toda la vida, hijos ejemplares, amigos incondicionales, etc. Cuando suceden cosas que no van de acuerdo con sus expectativas se sienten defraudados, traicionados, se culpan a sí mismos, o culpan a otras personas por sus desgracias; se sienten abatidos y por lo tanto infelices, algunas veces al punto de perder su fe y esperanza en la vida, de tal manera que continúan viviendo como autómatas porque su felicidad dependía de aquello que no lograron tener de la manera como esperaban.

Gloria Noriega

Ciertamente el logro de nuestras expectativas contribuye a nuestra felicidad, sin embargo, hay veces que aun alcanzando dichos anhelos seguimos sintiendo un vacío en nuestra vida porque siempre encontramos algo que sigue faltando. Es así como buscamos más y más cada día, como si la felicidad fuera una mariposa a la cual hay que atrapar con una red y cuando finalmente lo logramos nos damos cuenta de que le rompimos las alas y ya no puede volar más.

La felicidad tiene que ver con el ser y no con el hacer o tener. La felicidad es un estado de ánimo que no se puede atrapar porque es nuestro estado natural, existe dentro de nosotros mismos ya que es inherente a cada ser humano. Lo natural en un ser humano es ¡ser feliz!

Eric Berne, el creador del Análisis Transaccional postuló la frase "Yo estoy bien-tú estás bien", para ejemplificar la posición existencial con la cual nacemos todos los seres humanos, una posición de respeto y valoración por nosotros mismos y por los demás, en la que no es necesario colocarnos por arriba de nadie para sentirnos valiosos ni tampoco por debajo de otros para respetarlos y valorarlos.

Berne, haciendo una analogía con los cuentos de hadas decía "todos nacemos siendo príncipes o princesas, después nos hechizan y quedamos convertidos en sapos, algunos lo siguen siendo toda su vida y otros después de un tiempo logran *despertar* del hechizo cuando reciben un beso de amor que les permite recuperar la condición de *príncipes* o *princesas* que nacieron para ser". Él se refería a la condición natural y saludable que tenemos todos los seres humanos al nacer, un estado natural de felicidad, paz y confianza. Sin embargo, la mayoría de los niños crece en un ambiente donde sus padres se encuentran hechizados por la sociedad y la cultura, condicionando a sus hijos para que cambien e imiten sus propios modelos y dejen así de ser como son, por lo cual, los niños a su vez terminan también hechizados.

El beso de amor que nos libera del hechizo se refiere al *despertar de la conciencia* que nos permite cambiar, no para ser diferentes sino para volver a ser quienes somos, para reconocer nuestra propia esencia y recuperar nuestra posición existencial original de "Yo estoy bien-tú estás bien", misma que significa el retomar

Gloria Noriega

una postura en la vida de respeto y valoración por nosotros mismos y hacia los demás, a pesar de nuestras diferencias. No se trata de una posición maníaca en la que descalifiquemos los problemas o justifiquemos los actos negativos de otras personas. Esta posición ante la vida se refiere a que podamos realizar una profunda reflexión sobre la naturaleza humana, reconociendo que todos somos uno y compartimos la misma esencia divina. Podemos no estar de acuerdo con lo que otros hacen y, a la vez, valorar y reconocer nuestras diferencias.

Cuando somos niños, tomamos algunas *decisiones tempranas* por medio de las cuales modificamos nuestra *posición existencial* original, ya sea sintiendo que somos inferiores o superiores a otras personas. Se trata realmente de conclusiones para sobrevivir ante situaciones que nos duelen o nos confunden porque no comprendemos el mundo de los adultos. Aunque en su momento dichas decisiones nos resultan de utilidad para conservar el amor y la aceptación de nuestros padres, a la larga, cuando somos adultos limitan nuestras condiciones de vida porque nos llevan a vivir involucrados casi de manera constante en juegos psicológi-

Decide ser feliz

cos por medio de los cuales otorgamos a los demás el poder de hacernos felices.

Sin embargo, si como adultos logramos darnos cuenta y recuperar nuestra conciencia, podemos ver que tenemos a la mano otras opciones. No tenemos que seguir viviendo un guión de vida predeterminado y sí podemos *re-decidir* nuestras *decisiones tempranas*. Podemos recuperar nuestro propio poder y declarar "Yo decido ser feliz".

Ser feliz es una decisión de vida personal, de manera independiente a los sucesos que ocurren todos los días, porque el decidir ser feliz tiene que ver con el *permiso* que nos podemos dar día a día para disfrutar de todas las pequeñas o grandes oportunidades que nos ofrece esta maravillosa aventura de vivir.

Alguna vez te has preguntado: "¿Me siento apasionado o apasionada por la vida?" La respuesta afirmativa refleja en buena parte nuestra calidad de vida. Vivir con pasión no significa estar apegado a relaciones tormentosas. La verdadera pasión por la vida es vivir con un fuerte compromiso de ser quienes somos y hacer todo de la mejor manera posible. Es encontrar el sentido en el amanecer de cada

Gloria Noriega

mañana y llevar a cabo nuestros proyectos, aun en medio de las adversidades. Es de pronto sentir durante el día una sensación de gozo en el pecho, tal vez en medio de un embotellamiento de tráfico y, aun sabiendo que existen problemas por resolver, tener fe incluso en medio de situaciones dolorosas. Es reflexionar por la noche sobre nuestra existencia en este mundo, reconocer nuestros aciertos y aprender de nuestros errores como una manera de seguir creciendo hasta el último momento antes de morir. Es ser congruentes y sentirnos bien con nosotros mismos, aunque no todo haya resultado como pensábamos.

Margarita Gralia es una mujer que ha decidido ser feliz y ahora quiere compartir su experiencia con todos. Yo la apoyo porque he visto cómo ha mantenido su pasión por la vida, aun en medio de situaciones adversas. Junto con su esposo, Ariel, los dos han continuado *re-decidiendo* su vida con amor, aceptación y apoyo mutuo dentro de un proceso de crecimiento personal. El Análisis Transaccional ha sido una parte fundamental en sus vidas desde que se conocieron en Argentina y después aquí, en México, donde han buscado la manera

Decide ser feliz

de llevar este mensaje en las obras de teatro en que trabajan, así como en las telenovelas y programas de televisión que Margarita sigue protagonizando.

El Análisis Transaccional comparte los principios existenciales de otras filosofías humanistas. Su creador, el doctor Eric Berne, fue un verdadero visionario al plantear una teoría que pudiera integrar la esencia y el reconocimiento, el poder de la energía, el psicoanálisis y la teoría de *transmisión generacional de guiones de vida*. Este último es un tema que desde hace años he venido desarrollando y que me ha permitido apreciar el poder de la cultura que nos separa de nuestra verdadera esencia como seres humanos, olvidando nuestro ilimitado poder para el amor y la felicidad.

El despertar de la conciencia nos lleva al verdadero amor incondicional. Sobre esto hablaba Sidarta Gautama, el Buda, quien recitaba en sus sutras: "Que todos los seres humanos sean felices". El Buda consideraba el sufrimiento humano como una consecuencia de los apegos a todo tipo de dependencias tales como: estilos de vida (guiones), algunos banales y sin sentido; relaciones destructivas y sentimientos

Gloria Noriega

malsanos, por medio de los cuales buscamos encontrar el amor que nos falta. La felicidad también podría resultar un apego si evitamos reconocer los sentimientos desagradables, porque todas las emociones y sentimientos contienen un lenguaje que nos comunica algo de nosotros mismos.

Muriel James, la creadora de *Autorreparentalización*, una técnica de Análisis Transaccional cuyo propósito es aprender a ser un buen papá y mamá de uno mismo, explica este proceso: "nunca es tarde para ser feliz". Esto significa empezar por aceptarnos, aunque haya aspectos de nosotros que consideremos mejorar, y aun así amarnos de manera incondicional.

El ser libre es el potencial del *indomable poder del espíritu humano*, término acuñado por Víctor Frankl en su libro *El hombre en busca de sentido*, donde relata sus experiencias en cautiverio durante su estancia en un campo de concentración bajo la ocupación nazi en Alemania. Él había perdido familia, propiedades y su trabajo de toda la vida. Cuando se encontraba bajo el riesgo de morir en las circunstancias abominables del exterminio judío, logró sobrevivir reconociendo este poder que

Decide ser feliz

le permitió encontrarle un sentido a su vida a través de motivar a otros, y a sí mismo, para llevar a cabo su proyecto de vida al salir de allí. Él fue uno de los pocos sobrevivientes en Auschwitz. El poder del espíritu humano es sentir nuestra esencia y recuperar lo que nacimos para ser. Este poder tiene que ver con la fuerza y el coraje para salir adelante a pesar de las adversidades, un fuerte compromiso con la vida que nos lleva a luchar con fe y esperanza aun en medio de situaciones difíciles.

El ser feliz es una opción y una decisión personal. Invito a los lectores a disfrutar en estas páginas de las experiencias de vida y crecimiento personal que han dejado huella en Margarita, una mujer excepcional.

Dra. Gloria Noriega Gayol
Directora del Instituto Mexicano
de Análisis Transaccional
www.imat.com.mx

No busques la felicidad, sé feliz.

Introducción

Qué fácil es ver "la paja en el ojo ajeno y no la viga en el propio", o como versa otro refrán, también muy popular: "Haz lo que yo digo, no lo que yo hago". Es de humanos y es común descubrirnos aconsejando a los demás sobre algo que, si miramos bien, todavía no hemos resuelto en nuestras vidas.

No soy la excepción. Muchas veces quisiera tener a alguien que me hablara, igual que yo lo hago con los demás. Que me enviara cartas idénticas a lo que yo he escrito. Este libro es una carta a mí misma, es mi diálogo interno, son las reflexiones que suelo hacerme. Al final de cada capítulo, me pregunto, y te pregunto: ¿Y tú qué harías? O como acostumbra preguntar mi sobrina Mariana a toda la familia (por cierto la que más se me parece tanto en lo físico como en la personalidad), en su fuerte acento argentino, aunque nunca vivió en la patria de sus padres: "Si vos fueras yo, ¿qué harías?" No importa mucho la respuesta que le demos, porque como buena capricorniana hará lo que ya tenía decidido antes de hacer la pregunta.

Tal vez en estas páginas encuentres respuesta a esa pregunta que te has hecho últimamente. Y puede ser que sigas alguna sugerencia que doy o continúes con tus decisiones. No importa, el objetivo de este libro se cumple de todas maneras, y mi deseo de que seas feliz no merma ni un céntimo. Finalmente sólo tú sabes qué es lo mejor para ti, no lo dudes.

Escribir me gusta, es una actividad solitaria que me conecta con mi intimidad, me obliga a poner en orden mis pensamientos, con lo que se aclaran mis sentimientos, y es una manera de sacar a flote mi intuición. Mi mejor hora para escribir es la madrugada, el amanecer. Mi batería es solar, el astro rey me ilumina y me calienta, enciende mis motores.

Esto de escribir ha sido una tarea apasionante. Hoy comparto contigo mis pensamientos,

Decide ser feliz

mis reflexiones y creencias. Conocerás lo que pienso, creo, anhelo y sueño. Y también sabrás de mis inseguridades, temores y, por supuesto, del dolor, pues recordar es como volver a vivir. Y estaremos recorriendo juntos un camino. Por eso al leer mis textos tal vez pases de la euforia a la melancolía, de la ilusión a la certeza.

Te confieso que más de una vez necesito recordarme mi decisión de ser feliz, renovar mi compromiso con la vida o aplicarme el tabulador de reacciones para no convertirme en una *Drama Queen*. Preciso dejar de controlar y seguir mi intuición. Me ordeno quedarme quieta sin hacer nada o recurro a la *potencia*, *protección* y *permisos* que me dieron mis padres porque no fui a una escuela donde enseñaran a ser feliz.

Ser fiel a mí misma, junto al hombre que amo y admiro, es un trabajo de todos los días. Y como tú, me descubro sin tiempo para ser feliz porque estoy más *preocupada* pensando en el futuro o arrepentida por algo del pasado que *ocupada* viviendo mi presente. Por eso en mi lista de actividades diarias, apunto: ¡ser feliz!, y reconozco que si me lo propongo, lo cumplo.

Margarita Gralia

Vivimos buscando algo externo, creyendo que cuando tengamos hijos, una casa más grande u otro trabajo vamos a ser felices. Ponemos todo en el futuro y no entendemos que la felicidad es en este momento. Te propongo mirar a través de nuevos ojos. ¿Por qué siempre ver lo que está mal cuando hay millones de cosas que están bien? Recuperemos nuestra paz interior, volvamos a sentir como cuando éramos niños, revisemos nuestras decisiones más tempranas, si cambiamos ahora muchas de nuestras afirmaciones, hábitos y costumbres, renovaremos el rumbo de nuestro presente. Esto es posible.

Cuánto nos demoramos en darnos cuenta de que somos la cosa más valiosa que existe. Pasamos toda nuestra vida buscando la felicidad en lugar de ser felices. Ahora sé, sin ninguna duda, que lo natural es la felicidad. Todo lo demás fue mal aprendido. Por eso digo: "No busques la felicidad, mejor *decide ser feliz*".

*Si te gana el llanto déjalo fluir,
será un gran alivio para tu corazón.*

Drenaje mental
o me dispongo a ser feliz

Estoy convencida de que el nivel de felicidad que podamos disfrutar en nuestro día a día depende mucho más de nuestra propia actitud, que de los acontecimientos que nos toquen vivir. Y no me estoy refiriendo a ver siempre *el vaso medio lleno*, o a *echarle ganas*, recomendaciones que nos pueden llegar a sacar de quicio cuando estamos inmersos en la depresión y el abatimiento. Porque no niego que los problemas existen, y que muchas veces no conseguimos ver la luz al final del camino, aunque nos prometan que *no hay mal que dure cien años*.

Hay situaciones que pueden parecer sencillas de resolver ante los ojos de los demás, pero cuando eres tú quien trae, día tras día, la piedrita en el zapato, sólo tú sabes dónde tienes la llaga. También hay eventos que nos toman por sorpresa, nos desconciertan por inesperados, nos mueven el tapete, como decimos cotidianamente, y entonces resulta que siendo expertos nadadores, nos *ahogamos en un vaso de agua*.

Margarita Gralia

Finalmente todos tendremos, a lo largo de nuestra vida, un balance de cosas positivas y cosas negativas. Nadie estará exento de vivir situaciones dolorosas o angustiantes, con finales desoladamente definitivos. Y los problemas económicos, con largos periodos de apremios y necesidades, hacen dudar a cualquiera de su posibilidad de ser feliz algún día.

Sin embargo, si contamos *con una buena predisposición a sentirnos felices*, seremos capaces de vivir nuestros duelos, sufriremos los embates del mal tiempo, y trabajaremos cuanto sea necesario para superar los problemas, con la certeza de que en algún momento el dolor pasará y volveremos a ser dichosos.

Por el contrario, si nos guía una *predisposición espontánea a la infelicidad*, será difícil encontrar algo que nos haga sonreír.

Si tu pensamiento se inclina más hacia el lado de la fatalidad, será *imposible* que logres verle el lado positivo a cualquier acontecimiento. Y cuando algo maravilloso te suceda, es probable que logres sentirte *feliz*, pero sólo por un corto tiempo te durará el gusto, ya que en el menor descuido regresarás a sentirte

Decide ser feliz

desdichado, porque esa es la actitud natural en la que estás entrenado.

He oído decir que para tener larga vida feliz, hay que tener mala memoria. Algo de cierto hay en esto, como lo hay en todos los dichos y refranes populares. Pero tal vez no sea necesario recurrir a la amnesia para conocer el país donde reside la alegría. Creo que será suficiente con ejercitarnos en desarrollar una *memoria más selectiva.*

Con esto, me refiero a entrenarnos para poner siempre en primer plano los recuerdos de todos los hechos positivos que nos han sucedido, dejando en el baúl de las experiencias aquellas situaciones negativas que nos tocaron vivir y recurrir a esas vivencias para crecer y fortalecernos espiritualmente, en lugar de utilizarlas como justificación o excusa para no ser feliz.

Sé que siguiendo este patrón de comportamiento, corres el riesgo de ser considerado evasivo de las situaciones desagradables e incluso puedes llegar a parecer inmaduro, emocionalmente hablando. Para que esto no suceda debes partir de la premisa de respeto y aceptación de tu realidad, de la manera más objetiva que te sea posible.

Nunca evadas, niegues o distorsiones tu realidad, por dolorosa que esta sea. Por el contrario, reconocerla, y hacerte cargo de ella, es el camino para lograr modificar lo que no te guste, lo que te molesta, lo que te impide crecer o ser feliz. Porque no es lo mismo *ocuparnos* de nuestros problemas que vivir rumiándolos.

No es aconsejable centrar nuestra vida en los hechos dolorosos o desagradables que nos hayan ocurrido. Mortificarnos una y otra vez, recordando detalle a detalle un acontecimiento traumático, no nos ayudará a superarlo. En cambio, podemos preguntarnos qué está dentro de nuestras posibilidades hacer para que esa situación lamentable no se repita en nuestra vida.

Si en el aquí y ahora, está en tus manos hacer algo para no tener problemas o evitar que te sucedan desgracias, debes hacerlo. Pero recuerda que hay hechos que escapan por completo a nuestra responsabilidad o control y no tiene caso atormentarte por ellos. Esa actitud sólo te provocaría un profundo sentimiento de frustración.

Una terapia adecuada de la mano de un profesional será necesaria cuando no puedas superar solo una experiencia negativa.

Igualmente ayuda experimentar en el camino del perdón, en beneficio de nuestra paz espiritual. Como lo dice Virginia Clark, en su libro *El perdón: camino a la felicidad* (Ed. Diana, México, 2008):

> Perdonar es otorgarse el derecho de pasar la página y de ser el conductor de la propia vida. Es quitarle a las personas que nos han hecho mal el poder de bloquear nuestras energías vitales y obstaculizar nuestro camino hacia la felicidad.

Me parece importante que desarrollemos un hábito maravilloso: *Pensar bien*. Sí, dedica siempre un momento del día a pensar en todas las *cosas buenas* de tu vida, repasa en la mente todo lo bueno que te ha sucedido ese día, esa semana o ese mes. Seguramente, junto con los pensamientos felices, también vendrán a tu mente las situaciones desagradables que te hayan ocurrido. Eso no lo podrás evitar. No te esfuerces en evadir esos pensamientos, pero sigue buscando en tu memoria las cosas bonitas, agradables, placenteras de esos días. No necesariamente tienen que ser grandes acontecimientos. Un elogio que te hicieron, algo bello que apreciaste, eso nuevo que aprendiste, un atardecer, una flor, un abrazo, un reencuentro con alguien que amas, traer con tu mente, al presente, esos instantes, será volver a experimentar el placer vivido.

Los recuerdos relacionados con situaciones que no has resuelto todavía volverán a asomarse. Esos hechos, que te han lastimado, y que por ser recientes están muy presentes en tu mente, o situaciones que aun siendo del pasado más lejano siguen sangrando como herida sin cicatrizar. Si un enojo no expresado, una ira contenida o una discusión que no se ha terminado están atorados en tus pensamientos, habrá que dejarlos salir. Lo que sea, hay que resolverlo para volver a fluir en armonía. A veces está muy escondido en tu interior, disfrazado de tristeza o vestido de culpa. Habrá que desenmascararlo.

Un buen ejercicio para sacar a la luz lo que haya en lo más profundo de nuestro ser se llama *drenaje mental*. Esto es algo que hace bastante tiempo me recomendó Bruno, una maravillosa persona que conocí en México.

El *drenaje mental* consiste en escribir a mano suelta —o sea sin pensar— lo primero que viene a tu mente, llenar así por lo menos tres cuartillas. No será necesario leer lo que hayas escrito, ni guardarlo ni compartirlo con otra persona; lo verdaderamente importante es no procesar, con el pensamiento, lo que escribas. Deja fluir lo que venga de tu interior, la mano se encargará de pasarlo al papel. Es sorprendente cómo este ejercicio te ayuda a identificar lo que en verdad te está molestando. Hazlo bien y siguiendo las premisas mencionadas. No pienses, escribe. No razones, escribe. No te detengas, escribe. Te llevarás más de una sorpresa. Lo ideal es hacerlo en la mañana, antes de cualquier otra tarea. Luego es conveniente que dediques unos minutos a meditar, sobre el tema o preocupación que te ocupó esa mañana. Si no es tu costumbre meditar, sólo cierra los ojos, y, muy importante, no detengas tu respiración, al contrario, procura sin modificarla, concentrarte en ella. Si te gana el llanto déjalo fluir, será un gran alivio para tu corazón. No te preocupes, no te embargará la tristeza sino que sentirás paz y será la mejor manera de comenzar tu día.

*La felicidad no es sólo un derecho,
también es un deber.*

La pregunta incómoda

*He cometido el peor de los pecados
que un hombre puede cometer: no fui feliz.*
JORGE LUIS BORGES

En la obra de teatro *Entre mujeres*, de Santiago Moncada, el personaje de Elena dice: "La pregunta para todas es ¿hemos sido felices?" Uno de los personajes, Amelia, duda en contestar.

Esto me lleva a preguntarte cómo te sientes cuando alguien te cuestiona: ¿eres feliz? Igual a cuando te preguntan: ¿cuánto ganas? ¿Verdad que incomoda? ¿Por qué será el malestar? Puede ser por pudor al pensar que tantos otros en el mundo no son felices, y entonces nos da vergüenza, nuestra propia felicidad. Y sabiendo que los problemas existen (quién no los tiene), esta afirmación puede prestarse a dudas. O tendremos miedo, creyendo que al confirmar que somos felices corriéramos el riesgo de que nuestra felicidad se pueda debilitar. Te suena familiar: *tanta felicidad no es posible* o la frase fatalista: *no puedo ser tan feliz, algo malo va a pasar.*

Tal vez la incomodidad es porque no nos gusta mentir ya que en realidad no somos felices pero nos disgusta tener que reconocerlo.

Por lo que sea, lo cierto es que antes de responder con un sí o un no, categórico y sincero, caemos en un sinfín de explicaciones: "…bueno, no se puede ser feliz todo el tiempo…", "…finalmente la felicidad está hecha de pequeños (y a veces resaltamos el *pequeños*) momentos de felicidad…" y terminamos, casi siempre, preguntándonos en voz alta: ¿Qué es la felicidad?

No es fácil definir la felicidad. Generalmente la identificamos con sentirnos bien, queridos o con el estar enamorados, por eso, más de una vez, nos atrevemos a asegurar: "¿Cómo va a ser feliz?, si está sola o solo". ¿Quién no ha escuchado este insulto?: "Ya búscate a alguien que te haga feliz". Y por eso en lugar de simplemente contestar sí o no, a la pregunta inicial: ¿eres feliz?, anteponemos nuestro estado civil y sentimental, y enseguida enumeramos una serie de bienes materiales que avalen esa felicidad.

"Yo soy una persona feliz", me sorprendí diciendo en voz alta cuando estaba metida en la meditación sobre el tema. ¿Qué me hace una persona feliz? ¿Cómo lo pruebo? Y ¿por qué tengo que probarlo? ¿A quién? Soy feliz y punto. Soy feliz porque decido ser feliz. Tal vez debería decir: "En este momento soy una persona feliz. En el presente, en el aquí y el ahora, me siento feliz".

Creo que tengo una personalidad con tendencia a la felicidad, como otros se inclinan a la infelicidad sin darse cuenta que en ellos reside el origen de su desdicha. Y es que hay quienes consideran que la felicidad no fue creada *para* ellos, cuando deberían saber que puede ser concebida *por* ellos.

Las tragedias griegas nos han trasmitido la idea de que la felicidad es una cuestión del destino, y en nuestros días continuamos asociándola a palabras como suerte, casualidad o buenos deseos. Y es así como muchas personas prefieren escuchar lo que los astros les deparan o realizan rituales para la *buena suerte*, en lugar de vincularse más con su espiritualidad; sin dejar de tomar conscientemente las decisiones inteligentes que los llevarían por el camino del éxito y la prosperidad.

Siempre digo que los velorios son más concurridos que las bodas o que las desgracias unen más que la felicidad. Muchos matrimonios sobreviven años de malaventura pero pocos resisten el éxito y consagración de uno de los miembros de la pareja. Tengo cantidad de ejemplos de esta situación, pero no voy a pecar de indiscreta dando nombres. Lo cierto es que cuando alguien nos cuenta que es desdichado, infeliz, naturalmente nos solidarizamos con él. Pero ante una declaración de felicidad: ¿qué hacemos?, ¿nos alegra o miramos al atrevido con desconfianza, pensando: "y este tonto de qué se ríe"?

Alguien dijo: "Existen dos maneras de ser feliz en esta vida, una es hacerse el idiota y la otra es serlo". Parafraseándolo considero que es bastante idiota aquel que pasa por esta vida sin atreverse a luchar por su felicidad. Claro que sólo cuando sabemos que tenemos *derecho a ser felices* aprendemos a defender ese derecho por sobre todas las cosas.

A mí me gusta pensar que la felicidad no es sólo un derecho, también es un deber.

—Tú, ¿eres feliz?

—¿Me repite la pregunta?

*¡Cuidado! Sentirnos omnipotentes
y creer que todo lo podemos y lo
controlamos, será el camino más corto
a la frustración y a la desdicha.*

Autoestima y felicidad

Autoestimarse es autovalorarse. Cuánto me autoestimo es cuánto valgo y qué importante soy para mí. Según el doctor en psicología Nathaniel Branden, tener autoestima positiva significa asumirnos como personas merecedoras de la felicidad, y es estar dispuestos a vernos como seres capaces de enfrentarnos a desafíos básicos de la vida, tan fundamentales como ganarse el sustento o cuidar de uno mismo. Por eso digo que para reconocer y aceptar con naturalidad nuestro derecho a ser felices, necesitamos desarrollar una sólida *autoestima positiva*.

Todos tenemos una opinión sobre nosotros mismos. Es decir, tenemos autoestima y esta puede ser positiva o negativa, dependiendo de las creencias que me he formado sobre mi persona y mis capacidades.

Las personas arrogantes y vanidosas que necesitan elogiarse a sí mismos, humillando a los demás para sentirse seguros, reflejan una autoestima equivocada, y no como podríamos llegar a pensar, un exceso de autoestima positiva. De igual manera, quienes se manejan por la vida con un *bajo perfil*, como se dice últimamente, sin poses protagónicas ni escandalosas, no implica que sientan un menosprecio por sí mismos.

La clave de la autoestima positiva es sentirse capaz y valioso. Esta convicción es íntima y personal y no depende de lo que otros piensen y expresen de nosotros, porque la opinión positiva o negativa de los demás no forma nuestra autoestima. Un comentario elogioso puede hacernos sentir bien, así como una actitud crítica de alguien cercano puede afectarnos y provocarnos dolor. Pero sentirnos bien o estar tristes o heridos no modifica nuestros niveles de autoestima. Por eso coincido con el doctor Branden cuando dice que la autoestima es la respuesta a: ¿qué pienso de mí? Por lo tanto, para conocer mi nivel de autoestima, para descubrir cuánto me valoro, necesito revisar mis pensamientos y descubrir cómo me percibo.

¿Alguna vez te has preguntado qué piensas de ti? ¿Te agradas a ti mismo? ¿Te gusta tu personalidad, tu forma de ser? ¿Cómo te tratas? ¿Te sientes capaz, inteligente, valioso? ¿Qué crees merecer? ¿Te gusta estar contigo?

¿Disfrutas de tus pensamientos? ¿Te ríes contigo mismo? Contigo, no de ti.

Recuerda que saberte valioso estará íntimamente ligado a tu posibilidad de disfrutar una vida feliz.

Si aceptas tu realidad, y dentro de ella te consideras una persona capaz y que vale, seguramente eres poseedor de un alto nivel de autoestima positiva. Si por el contrario, no reconoces tu potencial, te hundes en los problemas, te sometes a pensamientos de fatalidad, negándote a admitir tu responsabilidad sobre la calidad de vida que llevas, entonces evidentemente tienes serios problemas de autoestima negativa.

Para modificar ese patrón de pensamiento que no te permite ser feliz, debes comenzar por ser realista y lo más objetivo posible. Puede ser que lo que constituye tu mundo no te guste. Admitirlo será el punto de partida para lograr cambiarlo. Aun cuando lo que vemos en nuestro entorno nos provoque dolor, debemos ser capaces de enfrentarlo, y reconocerlo como *nuestra realidad*, sin que ello suponga conformismo o falta de deseo de cambio. Esa misma mirada también la vamos

Decide ser feliz

a dirigir a nuestra persona, pero sin criticar. La crítica es un ejercicio inútil que no nos ayudará a lograr nuestro objetivo de cambio, al contrario, puede reforzar nuestros sentimientos de menosprecio.

Así como para solucionar un problema comienzo por admitir que tengo un pendiente, para lograr cambios positivos en mi vida, debo partir del reconocimiento honesto de lo que me gusta y lo que no me gusta de ella.

Es verdad que no todo en esta vida depende de nosotros. Definitivamente existen muchas situaciones ajenas a nuestra voluntad. Por eso, hay que aprender a distinguir qué cosas están bajo nuestro control y cuáles no. Porque, ¡cuidado!, sentirnos omnipotentes y creer que *todo* lo podemos y que *todo* lo controlamos será el camino más corto a la frustración y a la desdicha.

Detente un momento y analiza, ¿cómo reaccionas ante las situaciones ajenas a tu control?

a) Como una persona frustrada, desdichada, infeliz, *víctima* de sus circunstancias.
b) Como alguien que acepta que esa realidad, que no le gusta, también es parte de la vida,

que no puede hacer nada para modificarla y por lo tanto no gastará energía luchando en su contra.

Si te encuentras entre los que respondieron *a* no esperes que tu situación mejore por arte de magia. Sólo cuando con honestidad y compromiso decidas ser responsable del sentido que le das a tu vida, cuando te hagas cargo de cuidarte a ti mismo abandonando la costumbre de culpar a los demás por todo lo *malo* que te pasa; sólo entonces dejarás de ser *víctima* y descubrirás tu fortaleza y capacidad para enfrentarte a los desafíos de la vida. Leí alguna vez que Napoleón decía: "¿Circunstancias? ¿Qué son las circunstancias? Yo hago mis circunstancias". Me gustó esa conclusión y procuro aplicarla en mi vida. Te invito a hacerlo tú también. Es asombroso descubrir cuánto está a nuestro alcance hacer para cambiar lo que no nos gusta de nuestro *destino*.

Seguramente quien haya contestado *b* será ese tipo de persona que reconoce con humildad que no es omnipotente y por eso acostumbra a enfocar todas sus fuerzas sólo en aquello que sí está bajo su control, aquello que para cambiar dependa de su pensar, sentir y actuar. Sabe que esa manera de actuar lo llevará a lograr los resultados deseados.

Si autoestima positiva es también sentirnos *capaces* para la vida será necesario por lo tanto aprender a conocernos y explorar todo nuestro potencial. Todos, independientemente de género, edad o condición social y económica, tenemos necesidad de vivir de manera productiva y es indiscutible que no todos poseemos las mismas capacidades y aptitudes, pero descubrir cuáles son nuestras habilidades y desarrollarlas al máximo es una responsabilidad que nos pertenece.

Tener aspiraciones, ser activos y decididos, son características de la personalidad de quienes poseen una elevada consideración de sí mismos. Esas personas se sienten capacitadas y creen en su buen juicio para tomar las decisiones correctas, que los ubicarán en el camino de su bienestar y prosperidad. Y muy importante, no tienen miedo de correr los riesgos que sean necesarios para el logro de sus ambiciones. De hecho, en la satisfacción de ir alcanzando una a una sus metas, encuentran el impulso para seguir adelante.

Te has preguntado ¿qué quieres para tu vida? Si no sabes, ¿dónde quieres llegar?, ¿cómo sabrás qué camino tomar?

Para avanzar siempre se necesita de un punto de partida y de una meta. Por eso debes trazarte objetivos, tener sueños, ambiciones o anhelos, como prefieras llamarles. Concéntrate en ellos hasta que puedas visualizarlos y logres imaginarte capaz, no sólo de llevarlos a cabo, sino también de disfrutarlos.

Cada día dedica parte de tu tiempo a pensar en cómo cumplir tus propósitos. Escribirlos para analizarlos con mayor claridad, y comentarlos con alguien que te brinde apoyo y confianza es un buen comienzo. También puedes pedir un consejo o una asesoría a un profesional especializado. Pero recuerda que tus sueños e ideales te pertenecen y no necesitan de la validación de los demás. Si sientes que en lugar de compartir una aspiración, estás buscando aprobación, entonces mejor abstente de comentarlos.

Siempre será importante y necesario que tengas un plan de trabajo y una estrategia de éxito. La preparación, capacitación, disciplina y esfuerzo en pos de tus metas también son parte del desafío para lograrlas.

Nacer con una habilidad no significa nacer sabiendo. El estudio y la capacitación siempre serán indispensables. La disciplina nos libera de los malos hábitos. Aprende a ser disciplinado en todos los aspectos de tu vida, será indispensable en tu formación. Elige siempre lo *mejor*. Querer la excelencia nos obliga a superarnos en nuestro trabajo y nos acostumbra a dar lo mejor de nosotros mismos.

Desarrollar tu autoestima positiva te ayudará a descubrir tus capacidades, seguramente tienes más de las que imaginas, atrévete a desarrollarlas. Finalmente *tú eres el chef*, tienes que abrir la alacena y reconocer con qué ingredientes cuentas para cocinar *tu felicidad*.

*Si les pedimos a nuestros jóvenes
que usen la cabeza para pensar,
respetemos sus ideas.*

Clases para ser feliz

Tiempo atrás leí en un periódico que en Londres un director de escuela reconocía que lo que los jóvenes alumnos necesitaban desarrollar era la capacidad de ser felices. "Por eso comenzaremos con clases para ser feliz", anunció Anthony Seldon, director del Wellington College, en la ciudad de Crowthorne, al sur de Londres. El propósito es enseñarles a los estudiantes, de entre 14 y 16 años, cómo establecer relaciones armónicas con los demás, a superar los problemas físicos, mentales y las emociones negativas, informó el director. Las clases de la felicidad estarían apoyadas por psicólogos e investigadores sociales de la Universidad de Cambridge.

Los especialistas concuerdan que hasta ahora las escuelas se han concentrado en lo académico y no se han ocupado de enseñarles a los jóvenes el derecho que tiene todo ser humano a la felicidad.

Yo creo que sería ideal que tanto el niño como el adolescente recibieran las bases de su formación en el hogar y de sus padres, así como también las herramientas que los ayudarán a convertirse en personas íntegras, con valores, triunfadoras y felices. Pero la realidad es que esto no siempre sucede así. Vivimos en un mundo más comunicado, pero también cada vez más competitivo; en una sociedad que está apenas aprendiendo a ejercer la tolerancia y, al mismo tiempo, cada día es más discriminatoria. Hoy todo cambia muy de prisa, y en la sociedad actual, hay muchos factores que no favorecen el desarrollo de la personalidad del niño, en el sentido de convertirlo en el futuro en un adulto seguro de lo que quiere, capacitado para lograrlo, y con una vida espiritual y seguridad emocional que lo hagan una persona bienaventurada.

Por eso, me gustaría que las clases para aprender a ser felices, que recibirán los jóvenes ingleses, y que seguramente son lecciones que les ayudarán a mejorar su autoestima, se impartieran en todas las secundarias y preparatorias de nuestro país. Nuestros jóvenes necesitan que se les enseñe a apreciar lo valiosos que son como personas sin recurrir a las comparaciones; necesitan aprender a amarse y a respetarse a sí mismos, para exigir ser amados y respetados por los demás. Ofrecerles posibilidades de elección, invitándolos siempre a reflexionar sobre las consecuencias de sus decisiones, será una manera de enseñarles a ser autorresponsables.

Así como alentamos al bebé a dar sus primeros pasos, debemos estimular al joven para que logre desarrollar su madurez psicológica, intelectual y espiritual. Si elogiamos sus cambios físicos, porque no felicitarlos por sus actos de sensatez y compromiso. Cuántas veces les pedimos que usen la cabeza para pensar, sin embargo, no respetamos sus ideas.

Hay que incentivarlos para que tengan ideales y confíen en su propio juicio. Permitir que expresen sus emociones y respetar sus sentimientos. Si deseamos que desarrollen confianza en sí mismos y tengan un diálogo franco con sus padres y con sus mayores, habrá que estar dispuestos escucharlos sin juzgar, sin criticarlos ni descalificarlos.

Divorcios, nuevos matrimonios, padres que trabajan fuera del hogar, falta de confianza y comunicación, violencia intrafamiliar, padres con problemas de adicciones, acceso fácil al alcohol y a la droga, inicio de la vida sexual cada vez a más temprana edad, exceso de información, pero no de formación, son algunas de las razones por las cuales los jóvenes de hoy viven confundidos. Muchos de ellos hundidos en la depresión y otros buscando la felicidad por la puerta falsa. Por eso estoy totalmente de acuerdo en que en las escuelas se imparta una materia que enseñe a los estudiantes a encontrar en ellos mismos las *actitudes* y *aptitudes* de una persona feliz, pues lamentablemente, no en todos los hogares encontramos padres capacitados para ello.

El *derecho a la felicidad* pudiera ser una materia que se impartiera desde la primaria para que lo aprendido formara parte de la infancia de cada individuo. Desde niños aprenderían a identificar y expresar sus sentimientos, lo que les facilitaría desarrollar una actitud positiva ante la vida. Se les enseñaría también a explorar sus habilidades para la toma de decisiones y capacidad para solucionar problemas, sin dejar de sembrar en ellos valores como honestidad, confianza, solidaridad, respeto, amistad y amor. De esta manera se lograría que el crecimiento intelectual del niño fuera acompañado del desenvolvimiento de una personalidad más creativa y segura de sí misma.

Decide ser feliz

Los jóvenes que hoy formáramos en la escuela, mañana serían padres de familia y maestros a cargo de guiar nuevas generaciones de gente feliz. ¡Qué maravilloso sería que el ejemplo del Wellington College se extendiera a todas las escuelas y universidades del mundo!

*La protección amorosa de mis padres
iba de la mano de la confianza.*

Permiso, protección y potencia

En 1974, inicié en Buenos Aires mis primeras sesiones de Análisis Transaccional con el doctor Néstor Breyter con quien descubrí que mis padres me habían dado un regalo maravilloso, una herramienta de vida valiosísima que me sería de gran utilidad a lo largo de toda mi existencia. En mi educación, ellos habían empleado lo que en el Análisis Transaccional se conocen como las tres P, *Permiso*, *Protección* y *Potencia*.

Me otorgaron *permiso*, para ser libre, para tener mis propias opiniones y creencias; *permiso* para ser exitosa y poder superarlos sin miedo a ser castigada por ello; *permiso* para ser independiente y ganar mi propio dinero.

Tuve su *protección* en todo momento y la seguridad de que podía contar con ellos siempre y de manera incondicional. Porque *proteger* no es controlar ni mantener económicamente. La *protección* amorosa de mis padres iba de la mano de la confianza con tal fuerza que aún hoy, cuando ellos ya no están en este mundo, sigue sembrada en mí como una semilla que hace crecer cada día, mi seguridad y mi autoestima.

También me dieron la *potencia*, el impulso, el empuje necesario para desplegar mis alas y volar; me enseñaron a soñar y me incentivaron a trabajar para hacer realidad mis sueños. Recibí la *potencia* que me nutre de energía para lograr mis metas. La misma fuerza que me levanta cuando tropiezo y me impulsa a seguir adelante.

Permiso, *Protección* y *Potencia* son sólo tres de los tantos mensajes, verbales y no verbales, que como padres damos a nuestros hijos, desde el momento de su nacimiento, y que serán fundamentales en su desarrollo.

Si quieres que tu hijo sea feliz envíales los mensajes adecuados:

- No le pidas perfección. Acepta que es suficientemente bueno tal y como es. No le exijas ser perfecto, mejor enséñale a gustarse. Y recuerda no vivir comparándolo con otros niños, ya sean hermanos, amigos o compañeros de clase.
- No lo obligues a ser fuerte. Por el contrario, permítele expresar sus necesidades y sentimientos. Escúchalo siempre.

- No lo apures, deja que tome su propio tiempo. También para crecer todos tenemos un ritmo que nos pertenece.
- No lo enseñes a vivir complaciendo a los demás para ser aceptado. Él es valioso tal y como es. Guíalo para que él mismo tome conciencia de esto.
- Para enseñarle a ser independiente y responsable, no tomes por él todas las decisiones. Permítele decidir y que aprenda a aceptar y asumir el riesgo de sus elecciones.
- Cuidado con el uso de expresiones como *¡trata!*, o *¡esfuérzate!* porque se corre el riego de que el niño dirija su energía al intento constante sin permitirse el logro. Es mejor cambiar estos impulsores por: *¡hazlo!*, *¡tú puedes!*

Los mensajes para tu hijo deben ser realistas con base en la aceptación, sin idealizarlo. No es recomendable el uso excesivo de palabras elogiosas como *campeón*, *princesa*, *rey*, etc., porque el niño recibe el mensaje de "soy maravilloso", no quiere decir que no sea inteligente, capaz, guapo, pero, ojo, el creerse "maravilloso" lo ubica en una situación irreal;

y en el futuro cuando este niño no sea el centro de atención o descubra que su realidad no corresponde a aquellos elogios, se sentirá mal, frustrado e infeliz. También hay mensajes muy bien intencionados que no resultan ser tan positivos. Por ejemplo: "siempre lograrás lo que te propongas", como esto es algo que no podemos asegurarle que se cumplirá al cien por ciento, él se sentirá frustrado. Desde niño debe aprender a aceptar que la vida *real* no todo estará bajo su control lo que no debe traducirse en que será infeliz por ello.

Deja que tu hijo crezca y no sientas temor porque llegue a superarte. Si quieres darle las herramientas para que él decida ser feliz a menudo puedes usar frases como:

- Me gusta cómo eres.
- Me gusta que seas niña (niño).
- Me gusta cómo piensas.
- Eres sano.
- Eres importante.
- Cuenta conmigo.
- Me siento orgulloso de ti.
- Confío en ti.
- Te quiero.
- Sé feliz.

*Acepta la responsabilidad
que te pertenece en el logro
de tu realización.*

Ser responsables de nuestra felicidad

Cuando somos niños expresamos con libertad y energía nuestros deseos. Pedimos atención, comida o diversión, y estamos confiados en que un adulto, generalmente nuestros padres, se ocupará de darnos todo y más de aquello que estamos solicitando. Luego la educación que recibimos de nuestros mayores y la vida misma nos enseñan que somos responsables de atender nuestras necesidades y deseos. Y ya jóvenes, reconocemos que hay que cumplir con una parte de entrega, si queremos recibir una recompensa a cambio. Así estudios, tareas en el hogar, rendimiento en los deportes, dedicación, disciplina, ahorro, trabajo y esfuerzo, son algunos de los caminos que aprendemos a recorrer para lograr aquello que deseamos.

De igual manera ocurre cuando se trata de nuestra felicidad. ¡Somos responsables de ella!

Cuando anhelas disfrutar y sentirte realizado con tu trabajo o profesión; cuando quieres ser dichoso en tu vida en pareja y deseas formar una familia feliz o simplemente cuando luchas por tu legítimo deseo de ser feliz. ¿Cómo te visualizas ante esos deseos de amor y realización?

¿Como el niño que esperaba que alguien le dé de comer o le acerque su juguete o como el adulto que sabe que debe trabajar para lograr sus objetivos en la vida?

En el caso del trabajo o la profesión, ¿qué actitud predomina en ti? ¿Pasas la mayor parte del tiempo lamentándote por lo que *no eres*, llorando lo que no has logrado, envidiando al compañero, regodeándote en la mediocridad? ¿Estás a la espera un *golpe de suerte* para ascender? Eso quiere decir que no has crecido o que estás muy *malcriado*. Tienes que saber que lograrías mucho más si dejaras jugar el rol de víctima, culpando a los demás de tu escaso crecimiento. Mejor acepta las responsabilidades que te corresponden en esta etapa de tu vida productiva. Tienes derecho a aspirar al éxito y reconocimiento, pero para lograrlos tienes que aplicarte en la elaboración de un plan de acción, de estudios y preparación, y debes seguirlo con disciplina hasta alcanzar todas tus metas. Ya verás cómo de esa manera tus logros serán más positivos.

Respecto a la pareja, si no la tienes todavía, entonces ¿qué haces? ¿Duermes cual princesa a la espera de un príncipe, con todo y caballo blanco, que con un beso te despertará a la felicidad? ¿O eres el príncipe merecedor de todos los honores, esperando a la bella dama que reúna todos los requisitos de la corte para llevarla a tu castillo donde serán felices comiendo perdices? La princesa está en espera de alguien que la rescate, el príncipe deja que sean los demás (generalmente sus padres) quienes elijan por él. Ambas son posiciones infantiles que demuestran una falta de crecimiento emocional, así como la falta de deseo por comprometernos con nuestros sentimientos.

Si en verdad quieres relacionarte afectivamente con alguien, empieza por hacerte cargo del enorme anhelo que tienes de encontrar una persona con quien compartir tu vida. Claro que el solo hecho de enunciar el deseo, no te garantiza encontrar pareja, pero sí el ser una persona con ideas claras, honestas, coherentes con tus anhelos, te ubica en el lugar correcto de partida para lograrlo. No esperas un salvador o salvadora que venga a rescatarte de tu soledad, por el contrario, quieres a tu lado una persona independiente y segura de sí misma, quien también desee compartir su vida contigo.

Ya no eres aquel niño consentido por todos, ni te servirán tus gritos a todo pulmón para recibir atención. Hoy eres un adulto y sabes que no es correcto depositar en otra persona la tarea que de encontrar tu felicidad. También has comprendido que ésta no depende de cosas que podemos comprar, y que tampoco son las situaciones y circunstancias externas a nosotros las que determinan nuestra dicha.

Aprende a vivir con los ojos abiertos, consciente de la realidad que te rodea y explora en tu interior con el fin de conocerte cada día más. Crecer es aceptar la responsabilidad que nos pertenece en el logro de nuestra realización.

Yo decido ser feliz.

Decidirse a ser feliz

La vida es una toma permanente de decisiones. Desde las pequeñas cosas del día a día, como "¿qué se me antoja para almorzar?", o "¿qué prepararé para la comida de hoy?", (pregunta que a diario se hacía mi mamá a las ocho de la mañana cuando apenas estábamos acabando el desayuno), al clásico "¿qué me pongo?", frente al clóset o "¿qué película vamos a ver?", "¿dónde vamos de vacaciones?", hasta aquellas que implican una dosis un poco mayor de compromiso, como "¿se lo digo o me callo?", "¿voy o no voy?". Por supuesto que también están esas otras elecciones de las cuales definitivamente dependerá en mucho nuestro éxito personal: "¿estudiar o no estudiar?", "¿qué carrera seguir?", "¿dónde vivir?", "¿me caso o no me caso?"

Y así podríamos llenar páginas y páginas de la cantidad de decisiones que tomamos a lo largo de nuestra vida. Y si pensamos que para evitarnos un problema, mejor no decidimos nada, entonces sí estamos en un problema. Alguien dijo: "en la vida no hay problemas, sólo indecisiones", y esto es muy cierto porque frente a una situación difícil, preocupante o inesperada, en el momento que tomamos una decisión, dejamos de *preocuparnos* para *ocuparnos*.

Nos queda claro que no podemos dejar de decidir, a menos que queramos que otra persona viva por nosotros nuestra vida. Y aceptemos que somos tan responsables de nuestros actos, como de nuestras decisiones.

Por supuesto que siempre nos queda la opción de correr una cortina de humo, instalarnos en nuestra nube y hacer como que nada pasa. Pero no creo que sea nuestro caso ¿verdad?

Decidirse no siempre es tarea fácil. Y es aun más difícil cuando pretendemos que nuestras elecciones sean congruentes con nuestra forma de pensar y de sentir. Para ello, necesitamos ser auténticos. Aceptar nuestras virtudes y defectos sin falsas modestias ni complacencias. Es preciso vivir comprometidos y atendiendo nuestras necesidades emocionales, físicas, sociales y de reconocimiento. Respetando y defendiendo nuestras creencias, convicciones, valores y códigos de ética.

Con cada una de nuestras elecciones debemos proteger nuestra libertad y estaremos reconociendo que somos los únicos responsables de nuestro destino.

Creo que si no aprendemos a ejercer nuestra capacidad de decisión, siendo nosotros mismos, fieles a nuestra esencia, entonces no merecemos la felicidad.

Deepak Chopra, en su libro *Las siete leyes espirituales: una guía práctica para la realización de los sueños* nos dice que: "En todo momento de nuestra existencia estamos en el campo de todas las posibilidades. Tenemos un número infinito de opciones, y que algunas de estas opciones se escogen conscientemente, mientras que otras se eligen inconscientemente. Como muchos de nosotros escogemos inconscientemente, no nos damos cuenta de que estamos frente a un abanico de opciones, sin embargo, lo estamos".

Chopra nos recomienda que cuando hagamos una elección nos preguntemos primero cuáles serán las consecuencias de elegir ese camino; y en segundo lugar, si la decisión que estamos tomando nos traerá felicidad a nosotros y a quienes nos rodean. Si la respuesta a esta última es negativa o si se trata de una opción que generará algún sufrimiento, la mejor decisión será abstenernos de escoger ese camino. Pero si la respuesta es afirmativa entonces hay que seguir adelante. Vamos por nuestra felicidad, arriesgarse valdrá la pena. ¡Que nada nos detenga!

Así como nuestro presente es producto de las decisiones que tomamos en el pasado, nuestro futuro será una respuesta a las decisiones que tomemos en el presente. En nuestra infancia y dentro de los límites de la forma de sentir y la percepción de la realidad que tenemos como niños, tomamos decisiones para cubrir lo que consideramos, en ese momento, nuestras necesidades de sobrevivencia. Estas conclusiones van creando nuestro plan inconsciente de vida.

Sucede con bastante frecuencia que las decisiones que tomamos en el pasado no nos están llevando por el camino que deseamos, entonces es oportuno revisarlas. Hay que reconocer que algunas fueron tomadas a edad muy temprana, otras por instinto de supervivencia, y a otras ya no les corresponde el contexto de realidad donde aplicaban. Por la razón que sea, esas decisiones ya no funcionan para nuestro bien. Pero como no hemos revisado su fecha de caducidad, seguimos dejándonos guiar por ellas. También existen los casos donde creemos fervientemente como propias, decisiones que otros —padres, familiares muy cercanos o maestros— determinaron por nosotros. Y así de pronto nos damos cuenta que somos capaces y hasta muy buenos para alguna actividad, profesión, deporte o habilidad, para la cual nos creíamos negados; o que nos gusta y disfrutamos de algo que antes ni probábamos porque recordábamos que alguien —¿quién?— nos dijo: "eso a ti no te gusta" o "eso no es para ti".

El hecho es que hoy, con la información que como adulto has ganado y con la experiencia de vida que tienes, tus necesidades y la percepción de cómo quieres que sean tus días de ahora en adelante, pueden ser muy diferentes a cuando tomaste aquellas decisiones. Por eso lo que determinaste cuando niño ahora ya no funciona a tu favor. ¿Qué hacer entonces? Ha llegado el momento de *re-decidir*. O sea reemplazar esa decisión temprana que te autolimita por una nueva determinación que se ajuste a tu nuevo plan de vida.

Si decidir no es tarea fácil, *re-decidir* se complica un poco más. Primero habrá que identificar la creencia a la que estamos habituados, reconocer que ya no nos funciona para lograr nuestros objetivos. Convencernos de que debemos cambiarla. Tranquilizarnos frente a los temores del cambio. Y muy importante: encontrar la decisión más apropiada para nuestros intereses, hacerla propia y mantenerla. Definitivamente la ayuda de un buen profesional es más que recomendable para que nos guíe en el camino de las *re-decisiones*. Para este tema recomiendo ampliamente una terapia basada en el Análisis Transaccional.

Quiero compartir contigo este poema de Portia Nelson: *Autobiografía en cinco cortos capítulos* publicado en el libro *AT Hoy, una nueva introducción al Análisis Transaccional* (Editorial CCS, Madrid, 1era edición, 2007) de Ian Stewart y Vann Joines, y que resume de forma extraordinaria el proceso de cambio entre nuestras decisiones y *re-decisiones*, así como también ejemplifica maravillosamente el beneficio de vivir de manera consciente y responsable.

Decide ser feliz

I

Ando calle abajo.
Hay un profundo agujero en la acera.
Me caigo en él.
Estoy perdida… estoy indefensa.
No es culpa mía.
Tardo muchísimo tiempo en encontrar una salida.

II

Ando por la misma calle.
Hay un profundo agujero en la acera.
Hago como si no lo viera.
Me caigo de nuevo.
No me puedo creer que esté en el mismo sitio.
Pero, no es culpa mía.
Me sigue llevando muchísimo tiempo encontrar una salida.

III

Ando por la misma calle.
Hay un profundo agujero en la acera.
Veo que está ahí.

Aún caigo en él… es un hábito.
Mis ojos están abiertos.
Sé donde estoy.
Es culpa mía.
Salgo inmediatamente.

IV

Ando por la misma calle.
Hay un profundo agujero en la acera.
Lo rodeo.

V

Camino por otra calle.

Decide ser feliz

Yo creo que la determinación más importante del ser humano no es la elección de su pareja, profesión o trabajo ni tampoco pasa por la adquisición de algún bien material. Para mí, la decisión más importante de una persona radica en su entereza al decidir ser o no ser un *ganador*. Ganador es quien alcanza el objetivo declarado. El ganador será feliz.

Hay un momento en nuestras vidas en el que, sin que sea respuesta a pregunta alguna, tendremos que resolver por nuestra *felicidad* o *infelicidad*. Si optamos por la dicha tendremos que decirlo con todas sus letras: "Yo decido ser feliz". No importará el volumen de la voz porque esa decisión será como una sentencia que se grabará en nuestro mapa de vida y la cumpliremos fielmente, pese a cualquier adversidad, hasta el día de nuestro último aliento.

*Se precisa ser valientes para reconocer
que no somos felices.*

Decide ser feliz

Arriesgarse por la felicidad

No arriesgarse es la manera,
más segura de perder.
Si no puedes arriesgar, no puedes crecer.
Si no puedes crecer, no puedes superarte.
Si no puedes superarte, no puedes ser feliz.
Si no puedes ser feliz, ¡qué otra cosa importa!
DAVID VISCOTT

¿Por qué es tan difícil tomar decisiones? Muy simple: porque cada decisión conlleva un riesgo. A veces mayor, a veces menor, a corto plazo o en el futuro, directo en nuestra persona o en nuestro entorno, pero siempre tomar una decisión implica aceptar correr un riesgo; saber que con nuestra resolución podemos quedar expuestos a que nos suceda algo que no sea de nuestro agrado.

Y es que, bueno o malo, lo conocido nos brinda seguridad. Nuestros esquemas de vida, aunque no sean los mejores, son los que tenemos, y ya sabemos cómo manejarlos. Por algo el refranero popular nos dice *mejor malo conocido que bueno por conocer.*

Pero, ¿qué hacer cuando reconocemos que no nos gusta lo que estamos haciendo con nuestra vida? ¿Cómo actuar cuando sabemos que el camino en el que nos encontramos no nos conduce adonde quisiéramos llegar? ¿Qué actitud deberíamos tomar cuando reconocemos que no estamos siendo honestos con nosotros mismos? ¿Cómo comportarnos cuando descubrimos que estamos aparentando ser lo que no somos y fingimos sentir lo que no sentimos? ¿Qué hacer, cuando, en definitiva, no nos sentimos dichosos con la vida que llevamos? La única respuesta acertada es ésta: tenemos que hacer algo para cambiarla.

Por supuesto que siempre nos queda la opción de correr una cortina de humo, instalarnos en nuestra nube, y hacer como que nada pasara. Pero ese no es nuestro caso ¿verdad?

No es fácil ser honestos, y muchas veces se precisa también ser valientes para reconocer que no somos felices o que nuestra vida no es como quisiéramos que fuera. Pero no podemos quedarnos a esperar a que algo milagroso suceda para cambiar, porque en esa espera se nos irá la vida.

Decide ser feliz

Si no eres feliz. Si no estás contento con el rumbo que llevan tus días, tienes que actuar ¡ya! Toma las riendas de tu destino y con valentía corre el riesgo de cambiar. Al principio sentirás miedo. Tranquilo, todos somos aprensivos a los cambios, aunque los deseemos. Nos asusta dejar algo conocido y seguro, aunque no sea de nuestro agrado, para arriesgarnos por algo incierto, aunque imaginemos que será mejor. Acepta ese miedo, sin permitirle que te paralice, ese es un primer paso. El siguiente, será comprender que perderás mucho más si no te arriesgas. No dejes que el temor a fracasar te ahogue en el conformismo o, lo que es peor, en la autocompasión. Tu felicidad es un objetivo por el cual vale la pena *jugártela*.

Íntimamente sella un compromiso con tu determinación de cambio, para que ningún temor al riesgo pueda detenerte. Piensa que a esas alturas acobardarte significará perder más; por el contrario, tu valentía te hará crecer, y en cada etapa de tu crecimiento te estarás haciendo más fuerte, y así paso a paso, ganarás más confianza en ti.

Puede suceder que al alejarte de los hábitos y costumbres que te pertenecían, de pronto te sorprendas recordándolos de una manera sentimental o idealista, creyendo que eran mejores de lo que en realidad fueron. ¿Quién no ha oído la frase: *todo tiempo pasado fue mejor*? Ese sentimiento nostálgico y conformista puede, eventualmente, hacerte dudar de tu determinación de cambio. Es cuando debes recordar que los problemas no se solucionan de la noche a la mañana. Que tus preocupaciones no desaparecerán por arte de magia. Que los grandes logros no se obtienen sin trabajo. Para alcanzarlos necesitarás, también, de mucha disciplina y fuerza de voluntad.

Muchas veces, para justificar nuestro recelo al cambio, exageramos nuestro sentido de obligación para con los demás. Padres, hijos, hermanos, pareja, no importa el lazo de sangre o afectivo que nos una, se convierten, porque así lo determinamos, en una buena razón, y una justificación para no querer asumir el riesgo de vivir nuestra propia vida como un ser libre y responsable. Por un sentido exagerado de obligación, *sacrificamos* nuestra vida, nos anulamos y desperdiciamos el derecho a ser felices; y esto nadie, ni siquiera nuestros hijos, nos lo van a agradecer algún día. Si te reconoces en esta situación no pienses que te voy a sugerir comportarte como un ser desalmado, carente de cualquier sentimiento de bondad y generosidad; pero estarás de acuerdo conmigo en que cargarles a nuestros seres queridos la cuenta de nuestra abnegación, sería muy injusto de nuestra parte.

Para amar en verdad a otra persona, debemos aprender a amarnos nosotros mismos. Igualmente si queremos ayudar a los demás, empecemos por ayudarnos. Y pongo de ejemplo las mascarillas de los aviones. Antes de iniciar un vuelo, avisan que en caso de un despresurización de la cabina, caerán sobre nuestras cabezas unas mascarillas de oxígeno, según las instrucciones, debemos tomar la más cercana, colocarla sobre nuestra nariz y boca y respirar normalmente; y siempre recomiendan que en caso de viajar con un menor o con alguien que necesita asistencia, nos ajustemos *primero nuestra mascarilla*, y luego la de la persona a nuestro cargo. Está muy claro el mensaje, antes de ayudar a los demás, ayúdate a ti mismo.

Si siendo feliz, crees que en verdad respetas tus necesidades y sentimientos, eso no te impedirá cuidar, atender y proteger a los seres que amas. Puedes hacerlo sin necesidad de posponerte o anularte. Y es más, en relación a tus hijos, con este comportamiento les estarás dando un maravilloso ejemplo de autorresponsabilidad.

Es verdad que así como nos preocupa el riesgo de un futuro incierto, también nos paraliza, en la toma de decisiones, el temor al rechazo. Los seres humanos necesitamos de la aprobación para sobrevivir. El rechazo es el mayor de los castigos. Por eso le tememos tanto. Pero no podemos permitir que ese miedo nos detenga. Entonces, si estás convencido de tu necesidad de cambio, superar esa aprensión será un reto a vencer. De nada te servirá representar un personaje *ideal*. Finalmente, ser aceptado por lo que no eres, fingir una personalidad que no te pertenece, también es una forma de ser rechazado. La necesidad de amor y aceptación pueden ser grandes, pero no te dejes dominar por ella. Sé auténtico. Vive complacido, no para complacer. Ama y déjate amar, sin temor al rechazo. No permitas que te ofendan, te denigren o te falten el respeto.

Elige un estilo de vida que te permita mostrarte tal cual eres. Sé feliz siendo tú mismo,

Decide ser feliz

y toma sin miedo las decisiones que más convengan a tus propios y mejores intereses. Lo que está en juego es tu felicidad y bien vale la pena correr todos los riesgos por ella.

*Ariel era mi profesor de teatro,
y yo me enamoré de él a primera vista.*

Decide ser feliz

Me arriesgué por mi felicidad

La decisión más importante que tomé por mi felicidad fue cuando me arriesgué a dejar todo lo que en ese momento representaba seguridad en mi vida, porque conocí a alguien que *sentí* que era el amor de mi vida. Ariel era mi profesor de teatro, y yo me enamoré de él a primera vista. Sí, apenas lo conocí me sentí profundamente atraída por él, a pesar de que entre nosotros había muchas diferencias.

Él tenía algunos años más que yo, vivía solo y su vida estaba completamente ordenada y establecida, en ese precioso departamento de la calle Cangallo, esquina Callao, con impecable vista a la cúpula del Congreso.* Exitoso en su carrera como escenógrafo del teatro Colón,** no lo era menos como actor. Se sabía talentoso y lo es sin ninguna duda. Contaba con la admiración y el respeto del público, de la prensa, de sus amigos y de las alumnas como yo.

Lo que en un principio fue encandilamiento, muy pronto creció dentro de mí como amor,

---
* En Buenos Aires, Argentina.
** Uno de los recintos artísticos más prestigiosos del mundo.

y no pude ocultarlo, junté fuerzas, me despojé de toda timidez (a decir verdad no fue mucha), me apoyé en el descaro que da la juventud (yo tenía 19 años), y le confesé mi amor por él…

Era el día de su cumpleaños, 13 de marzo, me levanté muy temprano, me arreglé, me vestí, recuerdo que con un vestido de minifalda amarillo, muy corto y sin espalda. Manejé mi Fiat 1100 hasta el edificio de la calle Cangallo, todavía no lo sabía estacionar muy bien por eso me quedó con una llanta sobre la banqueta, tomé el elevador al octavo piso y toqué la puerta de su departamento. Ariel estaba durmiendo, insistí con el timbre y golpecitos en la puerta y finalmente abrió, estaba muy dormido y no ocultó su asombro al verme allí. Sin embargo, me abrió sus brazos, pronto me acurruqué en ellos y le dije: "Soy tu regalo de cumpleaños y los regalos no se regresan". Me metí en su cama y desde entonces estamos juntos, hace 35 años.

Yo quería estar con él y creía que él nunca me lo iba a preguntar, por eso lo hice. Me arriesgué por mi felicidad. Aparentemente fue un impulso, pero cuando lo analicé con mi terapeuta de Análisis Transaccional me dijo que había sido una decisión de mi *niño libre*.

Decide ser feliz

El *niño libre* es ese niño que todos llevamos dentro, que es muy sabio, y en este caso, estuvo bien guiado por la parte *adulta* de mi personalidad, que analizó la situación y dijo: "pues adelante", y además, el *niño* se sintió respaldado por el *padre* que le dio impulso y protección.

Fui educada de una manera bastante tradicional y hoy confieso que era extraño que yo no sintiera remordimiento ni culpa por mi comportamiento. Al contrario, todo el tiempo experimentaba el sentimiento de que estaba haciendo lo correcto.

Nuestra relación, así como el reacomodo de nuestras vidas, ahora juntos, fluía de manera extraordinaria, lo que reafirmaba que la decisión tomada era la mejor y el riesgo había valido la pena.

Confieso que todavía no sé si me sorprendió que mis padres aprobaran el cambio en mi vida, pero así fue. Mi familia aceptó a Ariel y desde el primer momento sintieron afecto por él. Sus padres, Cristina y Pedro me aceptaron y me recibieron con amor. Todos reconocieron nuestra relación sin poner condiciones ni pedir explicaciones.

Y después de vivir juntos dieciocho años, primero en Argentina, luego en Brasil, otra vez en Argentina y desde 1982 en México, llegó el día en que me lo preguntó. Fue por teléfono, me dijo: "Margarita, ¿aceptarías casarte conmigo?" Nos casamos por la ley y ante Dios en Buenos Aires, el 6 de enero de 1992. ¡Qué coincidencia, el día de los Reyes Magos!

También me arriesgué cuando me mudé a Brasil, al aceptar un contrato en México, al quedarme a vivir en este país, al cambiar de empresa televisiva, al decir sí o no a tantos proyectos teatrales, al abrir un restaurante, y luego otro, al aceptar, por pura vanidad, posar para la revista *Playboy*... Corrí estos riesgos con buena fortuna pero otras veces no me fue bien. Juro que no me acuerdo de ellos, como tampoco recuerdo haberme quedado con las ganas de nada.

La felicidad es un derecho irrenunciable.

Felicidad en pareja

La felicidad es un derecho con el cual nacemos, y debería ser irrenunciable hasta por uno mismo. *No se permite renunciar a ser feliz*, esta orden debería estar escrita en nuestra acta de nacimiento, grabada en nuestro ADN y trasmitida a nuestra descendencia a través de nuestros genes.

Es difícil creer que alguien, por voluntad propia, se niegue a sí mismo el derecho a la dicha; sin embargo, es algo que acontece con bastante frecuencia. Y es así como muchas veces nos descubrimos renunciando a algo que nos hace feliz, porque creemos que hacerlo afectaría nuestra relación amorosa. Sucede, por ejemplo, cuando hay algo que deseamos hacer y no lo llevamos a cabo porque consideramos un freno a la persona con quien estamos relacionados y nuestra renuncia puede ir desde algo tan *aparentemente* banal como dejar de ir a bailar, renunciar a las carnes rojas (parece absurdo pero hay gente que se vuelve vegetariana sin ninguna convicción), limitarnos en nuestros viajes (aunque no lo crean fue mi caso durante muchos años) hasta situaciones más complejas y comprometidas que involucran todo un proyecto de vida, algunos ejemplos: abandonar nuestros estudios, rechazar una oferta de trabajo porque implica un horario inconveniente o un cambio de residencia, adoptar una religión diferente, o negarse a tener hijos porque nuestra pareja no lo desea.

Las razones por las cuales nuestra pareja se interpone entre nuestros deseos y la posibilidad de realizarlos son muchas y muy variadas. Van desde diferencias culturales hasta por la necesidad enfermiza de querer controlar a la persona que está a nuestro lado. Es cierto que muchas veces no coincidimos en gustos y no podemos culpar a nadie de ello, y también es válido que nuestra pareja no desee tomar los mismos riesgos que nosotros. También seamos honestos y reconozcamos que nos agrada complacer y como generalmente ese modelo de conducta lo aprendimos en nuestro hogar, se nos figura un comportamiento perfectamente correcto y normal. Y finalmente admitamos que nos enseñaron y nos acostumbramos (en especial las mujeres) a anteponer siempre el placer y gustos de nuestra pareja al nuestro, sin cuestionarnos lo injusto de esta prioridad.

Sea por la razón que fuere, el hecho es que, de pronto, nos encontramos renunciando a hacer algo que no causaría ningún daño a nadie y que sabemos nos haría felices o aportaría crecimiento a nuestra vida. Lo más lamentable, es que ese sacrificio que nos imponemos no servirá más que para acortar el tiempo de vida de la relación. Porque renunciar a algo que sabemos que es bueno para nosotros terminará por provocarnos un sentimiento de rencor, consciente o inconsciente, que de alguna manera tratará de manifestarse.

Definitivamente sentirnos postergados, limitados, sin ambiciones, estancados en nuestro desarrollo y confundidos; nadando entre un *¿por qué?*, y un *¿para qué?*, nos llevará al momento en que tendremos que decidir entre continuar en una unión, que nos impone renuncias, o replantearnos nuestras prioridades.

Por supuesto que también siempre nos queda la opción de correr una cortina de humo, instalarnos en nuestra nube, y hacer como que nada pasara.

Considero que lo ideal es encontrar una forma de convivencia en la que podamos disfrutar de compartir nuestra vida con otra persona, sin dejar por ello de ser auténticos, libres y fieles a nosotros mismos. Es decir, estar en pareja pero sin renunciar a nuestro plan de vida, con sus anhelos sueños y metas. Y con todas las actividades que nos agradan y nos hacen felices. Estar junto a alguien que respeta nuestros gustos y placeres, así como nuestro crecimiento. Y comprometernos a respetar los suyos, como propios sin coartarle su desarrollo.

Sólo las personas que están seguras de su derecho a la felicidad tienen la capacidad de compartirla en una relación.

Implícito en el derecho a la felicidad, tenemos el derecho a buscarla como nos la imaginamos y nadie está capacitado para decirnos cuál será nuestro camino para encontrarla. Por eso, cuando estamos en pareja debemos permitirnos mutuamente la libertad de su búsqueda, incluso aun cuando se llegue a sentir miedo de que esa independencia pueda significar una amenaza para la unión.

Si ser felices significa convertirnos en la persona que deseamos ser. Amar verdaderamente a nuestra pareja significa que apoyaremos incondicionalmente su desarrollo, crecimiento y alegría. De alguna manera, cuando ayudamos a la persona que está a nuestro lado a desenvolver todo su potencial, ayudamos a que se convierta en un ser más independiente, lo cual no quiere decir que se alejará de nuestro lado, sino que le estamos permitiendo la libertad de elegir, cada día, compartir su vida con nosotros, simplemente porque así lo desea.

Las uniones más sólidas y duraderas, definitivamente no son las compuestas por seres posesivos, dependientes, dominadores o complacientes. Al contrario, las relaciones más estables y francas se dan cuando, en la libertad de elegir cada día estar juntos o separados, se opta por seguir unidos y crecer juntos.

Me encanta preguntar en las relaciones de pareja: "¿Cuánto es 1 + 1?" La respuesta más frecuente y también, porque no decirlo, la más romántica es: 1. Así se confirma la creencia de que necesitamos estar en pareja para estar completos, como si fuéramos una media naranja o medio corazón. Otros más matemáticos y exactos contestan: "1 + 1 es igual a 2". Llevo años haciendo esta pregunta y nadie me ha dado la respuesta acertada. En una pareja, 1 + 1 es igual a 1 + 1. Esta fórmula la aprendí de Muriel James con quien tomé algunos seminarios de Análisis Transaccional en el IMAT (Instituto Mexicano de Análisis Transaccional).

Me gusta enfatizar: "en la relación de pareja: 1+1 es igual a 1+1".

Quiere decir que al unirnos en un compromiso sentimental con otra persona, no hay razón para dejar de ser quienes somos. Es verdad que pasamos a ser parte de algo que formamos estando juntos, de un todo llamado *pareja*. Como también es cierto que esa *pareja* no existirá más si uno de los dos deja de estar, pero siempre seguiremos siendo individualidades únicas, aun si el compromiso con la otra persona no existiera. En la vida no somos medias naranjas en busca de nuestra media naranja, que nos complemente para existir como naranjas completas. Y lo más importante, seguimos siendo individualmente responsables de nuestra propia felicidad. Por eso, cuando estamos de novios, comprometidos, casados, en unión libre, en sociedad conyugal o como nos guste llamarle al tipo de relación sentimental en la que nos encontremos involucrados, seguimos siendo los únicos y verdaderos responsables de nuestra felicidad dentro de la relación.

Es tan equivocado pensar que sólo por el hecho de comprometernos sentimentalmente garantizamos nuestra dicha, como creer que nuestro compañero tiene la obligación de *hacernos* felices.

Si somos seres independientes, responsables y con una actitud positiva ante la vida, entonces seguramente tendremos la tendencia de relacionarnos con personas que actúan de igual manera, y estar juntos o tener planes de un futuro común, servirá para hacer crecer nuestra felicidad. En cambio, si nuestra actitud de vida es dependiente, con tendencia a la tristeza y a la depresión, acostumbrados a que otros nos rescaten o tomen decisiones que nos corresponderían a nosotros, no nos extrañe entonces que estemos habituados a relacionarnos con personas a quienes a su vez les encanta jugar un rol de *salvador* o *salvadora*, con los mil y un matices que posee este juego psicológico.*

Puede suceder que al enamorarnos experimentemos sentimientos agradables de bienes-

---

* Según Eric Berne, creador del Análisis Transaccional, los juegos son sustitutos de la verdadera experiencia de intimidad real.

tar y alegría, pero será un error considerar que nuestra pareja es la responsable de mantenernos de ahora y hasta la eternidad en ese estado. Si pensáramos de esa manera, muy pronto acabaríamos desilusionados porque nadie está capacitado para garantizarle una *vida feliz* a su pareja. Además de incorrecto, pedir eso suena muy mentiroso y pretensioso, prometer y exigir que te prometan: "Yo te voy a hacer siempre feliz".

Imaginen que el día de nuestra boda, el juez, el sacerdote, o quien esté oficiando la ceremonia delante de todos los testigos, en lugar de preguntarnos: "¿Aceptas por esposa o esposo a fulanito de tal y prometes amarlo y cuidarlo en la salud como en la enfermedad, en la pobreza o en la prosperidad, etcétera?", sólo nos preguntara: "¿Te comprometes a hacer feliz a tu pareja todos los días de su vida?" Seamos honestos, ¿cuántos y por cuánto tiempo seríamos capaces de cumplir con un compromiso de esa magnitud?

Por eso, pensemos que no es correcto declarar: "Mi pareja me hace muy feliz", como generalmente estamos acostumbrados a decir. Lo maravilloso es cuando podemos afirmar, sin mentir ni exagerar, que la persona que amamos y nos ama aporta tanta felicidad a nuestra vida o mejor aún, declarar que: "Juntos, sumamos nuestras felicidades".

*No dejes para mañana
lo que puedes gozar hoy.*

El sexo y la felicidad

El sexo sin amor sólo alivia, momentáneamente, el abismo que existe entre dos seres humanos.
ERICH FROMM

Podríamos pensar que son personas felices quienes tienen una vida sexual muy creativa, quienes cumplen todas sus fantasías o aquellos que nos presumen su elevada actividad sexual o el gran número de relaciones que son capaces de tener en un fin de semana. Sin embargo, los especialistas en el tema nos aseguran que la abundancia y variedad de conductas y de parejas sexuales, no siempre va acompañada de sentimientos de felicidad.

Llevo muchos, como actriz, representando el monólogo de Darío Fo, Franca Rame y Jacobo Fo, *Tengamos el sexo en paz*, y con tantas representaciones, ante tan diversos públicos, puedo asegurar que la *felicidad sexual* es un tema que desvela tanto a los hombres como a las mujeres de hoy. Todos luchan por conseguirla.

Para conocer más sobre la vínculo que puede existir entre la sexualidad y nuestra felicidad, me entreviste con el doctor Eusebio Rubio

Aurioles, presidente de la Asociación Mundial para la Salud Sexual.

El doctor Rubio Aurioles nos afirma que entre felicidad y sexualidad no existe una relación directa. Esta es su explicación:

> No podemos decir que a más actividad corresponde más felicidad, como tampoco podemos afirmar que a mayor variedad se nos garantizará más placer. Son varios los factores de los que depende el lograr felicidad por medio de nuestra vida sexual. En primer lugar, depende de cómo se relaciona la persona con su cuerpo sexual. Luego, la relación de la persona con los otros en un nivel cercano de intimidad y de *no* intimidad. Y por último, en lo que se refiere a la expresión de su sexualidad. De qué tan armónicos se encuentren estos tres niveles de relación, se traducirá en mayor posibilidad de sentir felicidad.
>
> La armonía es muy importante. Si hay armonía en la relación con su cuerpo y con el de su pareja, y además hay fluidez en el ocurrir de las cosas, eso provocará felicidad.

El doctor Rubio continúa:

Generalmente, los problemas más grandes están relacionados con la relación que las personas llevan con su propio cuerpo. Ocurre con frecuencia que, por ignorancia, entran en un conflicto que los puede llevar del temor al pánico con su propia sexualidad.

La naturaleza sexual del ser humano tiene una amplia diversidad. La homosexualidad, forma parte de ella. Si estamos en conflicto con la aceptación de la orientación sexual que poseemos, por ejemplo, esto va a ser fuente continua de infelicidad.

Sucede también que el cuerpo se enferma, ya no funciona bien. Son problemas de salud, como la diabetes, la presión arterial, colesterol elevado, y otros como la ansiedad, los estados depresivos y la baja autoestima, los cuales pueden traer como consecuencia una significativa merma en la calidad de la vida sexual de la persona. La disfunción eréctil, es un ejemplo de ello.

En todos estos casos, el doctor Eusebio Rubio Aurioles nos aconseja primero la aceptación del problema para buscar la solución y señala, en segundo lugar, a *la relación con la pareja* como el factor del que dependerá lograr felicidad en nuestra vida sexual. Y esto, aclara, *cuando hay pareja*, porque se puede estar sin pareja y eso no implica necesariamente infelicidad sexual. Asegura:

> La felicidad sexual en pareja se logra cuando se alcanza intimidad plena, considerando *intimidad*, al espacio donde lo que sucede es exclusivo de ese par: en la intimidad de una pareja, nada ni nadie más entra. Podríamos decir que una pareja logra intimidad cuando ambos están en la misma sintonía o frecuencia. Y precisamente, los sentimientos, son parte del lenguaje que se utiliza para sintonizarse.

Sobre el tema de la intimidad y los sentimientos me atrevo a interrumpir al doctor Rubio para compartir una reflexión. Yo creo que dos seres que verdaderamente se aman, en el encuentro sexual, van más allá de *hacer el amor*, en ese momento de profunda comunión ellos *son el amor*. Sigue el doctor Rubio con su explicación:

> Dentro de ese espacio de intimidad, es muy importante el uso de la imaginación creativa,

buscar, explorar, encontrar un mayor número de cosas para compartir, no necesariamente orgásmicas. El orgasmo es importante en la relación sexual pero no lo es todo.

El camino a la felicidad en una pareja no consiste en saber más técnicas pero sí dependerá más del cuidado de la calidad en el encuentro con el otro. En la relación sexual deben prevalecer siempre la honestidad, no pretender ser otro, la aceptación personal y, muy importante, la comunicación.

Recuerdo la campaña publicitaria que realicé para los laboratorios Bayer como vocera de Levitra, un medicamento para solucionar los problemas de erección. El lema de nuestra primera campaña era: "Hablen, es cosa de dos". Se recomendaba a las parejas que dejaran de imaginar y empezaran hablar. Era una campaña que, si bien se enfocaba en solucionar un problema de salud masculino, también estaba dirigida a la mujer, con la intención de mejorar la comunicación en la pareja.* Existiendo una pareja,

---

* Complementando la labor que realicé en el programa *Reenciende la llama* que se transmitía por el canal Proyecto 40 de la televisión mexicana, está disponible el sitio en internet

si uno de sus miembros tiene un problema de índole sexual, este deja de ser exclusivo de él para ser un tema de los dos.

Como nos confirma el doctor Eusebio Rubio, la buena comunicación con nuestra pareja es fundamental para la calidad de nuestras relaciones.

Yo considero que los rencores, las discusiones y las agresiones no deben llevarse a la cama, habrá que solucionarlos antes de llegar al lecho. Es importante saber elegir el momento adecuado para este tipo de conversaciones. En privado, tranquilos, que no sea una discusión consecuencia de un enfrentamiento, con tiempo y sin interrupciones de terceros, llámese hijos, amigos o trabajo.

Otro error bastante común consiste en crearse expectativas poco realistas acerca de cómo debería ser el funcionamiento correcto de nuestro *partenaire*.* No se trata como en el baile de aprender y seguir los mismos pa-

---

www.levitra.com.mx con información para parejas y ayuda, en muchos casos imprescindible para romper el círculo vicioso de frustración sexual y falta de comunicación.

* *Partenaire*. Término francés que se utiliza para nombrar a la pareja de baile.

sos. Tampoco existe una fórmula matemática (CARICIAS X N NÚMEROS DE BESOS + ERECCIÓN A LA N POTENCIA + PENETRACIÓN = FELICIDAD MULTIORGÁSMICA). Cada relación tiene identidad propia y para que la vida sexual se desarrolle felizmente es necesario trabajar en la relación. Combatir la rutina y el aburrimiento; se necesitan sorpresas y variedad para mantener vivo el apetito sexual. No *genitalizar* el acto. Nuestra piel es el órgano más extenso que poseemos y nuestro cerebro puede llegar a ser el más sensible. Aprender a estimular todos y cada uno de nuestros sentidos es una habilidad que debemos desarrollar para convertirnos en ese amante ideal.

El lema de nuestra segunda campaña fue "Reenciende la llama", esto es que la pareja debe siempre reinventarse, reencontrarse, recuperarse, reconciliarse. Insisto, no condicionemos nuestra vida sexual a la *normalidad genital*, porque la monotonía y la rutina en la cama terminaran por llevarnos al hastío y a la pérdida del deseo. Finalmente, todo lo que cauce placer y se realice con el consentimiento de ambos, está permitido. El doctor Rubio también nos señala que:

Decide ser feliz

El éxito de una relación sexual es responsabilidad, por igual, de quienes participan en el encuentro, y enfatizo, la posibilidad de ser un buen amante depende de con quién te encuentres y del momento que compartan. No es posible crear un amante, si fuera tan fácil, habría escuelas para ello.

En la relación de pareja, le pregunto al doctor: "¿Qué es más importante, el amor o el sexo?"

Creo que ambos lo son. Se puede sentir placer sin ser feliz, los placeres, por sí solos, no nos garantizan la felicidad. Expertos amantes logran tener prácticas de enorme placer sexual, no se involucran sentimentalmente y quedan totalmente satisfechos, sin que necesariamente esto los conduzca a un estado de felicidad.

También hay parejas unidas por un lazo amoroso y en este caso si la parte sexual de la relación no está satisfecha, también nos enfrentamos a un conflicto. En lugar de comportarse como amantes, se comportan como hermanos y esto tampoco es el ejemplo de la pareja feliz. Es posible que en ambos llegue a crecer un sentimiento de frustración y vacío, lo que puede terminar con la unión, aun cuando el sentimiento de amor siga presente. Para sentir felicidad por medio del sexo, creo que es ideal una maravillosa combinación del impulso sexual y del sentimiento amoroso. Sin embargo, no podemos apuntar el sexo como una obligación más en nuestra agenda de responsabilidades, debe ser un encuentro divertido y no algo más que hacer durante el día.

Yo les recomiendo tomarse el tiempo para disfrutar. Hacerse masajes, besarse apasionadamente, tocarse, acariciarse, mirarse a los ojos y hablarse al oído son una buena manera de iniciar el encuentro amoroso. También recurrir a la risa. El humor es complicidad, por eso, es muy importante no olvidarse del *humor sexual*, hay que reír cuando se hace el amor.

Debido al ritmo de vida en el que estamos inmersos, nos hemos acostumbrado a pensar más en el deber que en el placer y en este sentido es muy peligroso dejar para mañana el disfrute sexual. Por esa razón, y parafraseando un refrán bastante conocido, digo: "No dejes para mañana lo que puedes gozar hoy".

*Para caminar en la vida,
¿qué estilo de zapatos
deberíamos elegir?*

No confundir
comodidad con felicidad

*Cuánto ganará la humanidad el día
que comprenda que sufrir no es un mérito.*
BERNARD SHAW

Me encanta comprarme zapatos. Lo que más tengo en mi clóset son zapatos. Y hace rato que no me compro zapatos porque me hagan falta y mucho menos porque haya encontrado un par que me resulte súper cómodos. El confort no figura entre mis prioridades cuando estoy en una zapatería. Los elijo porque me gustan, por bonitos, por raros o a veces simplemente porque no tengo ningún par de ese color… Y luego me sucede que a la hora que tengo que viajar a una ciudad, Nueva York por ejemplo, donde se camina tanto, no sé qué zapatos empacar en mi maleta porque mi ropa no combina con los zapatos *cómodos*.

Para caminar en la vida, ¿qué estilo de zapatos deberíamos elegir? Un par de zapatillas de tacón aguja, de diseño espectacular, que nos causarán inmenso placer verlas en nuestros pies aunque dudemos de poder mantener nuestro equilibrio en esas alturas; o tal vez deberíamos escoger unos botines, anchos y mullidos, que nos brindarán comodidad y seguridad a cada paso. Además sabemos que si la primera vez que nos probamos el zapato que sea, sentimos que algo nos molesta, así va a ser siempre porque aquello que nos promete el vendedor —que se van a aflojar o estirar con el uso—, no es cierto. Por el contrario, cuanto más caminemos más incomodidad tendremos. Nos podemos acostumbrar a la molestia y al dolor al grado de parecer que ya no lo sentimos. Pero esto no querrá decir que habrá desaparecido el tormento.

Con la mayoría de las elecciones que hacemos en nuestra vida ocurre más o menos lo mismo. Si optamos por continuar en un trabajo a pesar de que no nos gusta, que no nos permite crecer, pero seguimos allí porque ya llevamos bastante en él y estamos acostumbrados; si preferimos no independizarnos de la casa de nuestros padres aunque ya nos pasemos de maduritos, porque allí tenemos nuestras necesidades atendidas; si escogemos una profesión que no es nuestra vocación simplemente porque es una carrera corta y fácil; todas esas pueden ser elecciones que tomamos pensando más en nuestra *comodidad* que en nuestra *felicidad*.

Así como es honesto reconocer que sufrimos estoicamente por placer con un simple par de zapatos, es falso pretender que nos gusta la vida que llevamos cuando esto no es cierto. Por eso si nos permitimos el aburguesamiento de sacrificar la felicidad en nombre de lo más conveniente, no nos sorprendamos que algún día la vida nos pase la factura, porque "a la fuerza ni los zapatos entran".

Creo en la existencia de planes divinos.

Que nos guíe la intuición

Intuir es percibir de manera clara e inmediata una idea o situación sin necesidad de un razonamiento lógico. Me parece que es importante aprender a escuchar a nuestras voces interiores y *hacerle caso a la intuición*. Todas las respuestas están dentro de nosotros y se irán revelando con nuestro crecimiento. Si la intuición es como una especie de sabiduría innata, entonces ¿por qué no dejarnos guiar por ella? Claro que para que escuchar estas voces necesitarás tener los oídos bien limpios y no me refiero a mugre, si no a que estén libres de prejuicios.

Siguiendo este comportamiento, no siempre podremos justificar todas nuestras decisiones, y más de una vez sentiremos que estamos perdiendo el control de nuestros actos, ¿cuál es el problema? Si nunca nos permitimos soltar las riendas ¿cómo descubriremos qué había previsto para nosotros?

¿Te consideras una persona con buena estrella?, ¿crees en el destino? Entonces deja sin miedo que se cumpla. Si por el contrario crees que eres un pájaro de mal agüero, que *estás salado*, que atraes todo lo malo, por

Decide ser feliz

qué no revisas tus comportamientos y, sobre todo, enfócate en modificar tu patrón de pensamiento por uno más positivo. ¡Anímate a hacerlo!, peor no te va a ir ¿verdad? En cambio, estoy segura que si lo haces, vendrán días buenos para ti.

El *hubiera* no existe, sus consecuencias las desconocemos. Pero me encantaría inventar un juego que podría ponerse de moda y llamarse *Hubiera*. Consistiría en tomar varios hechos de nuestra vida y analizarlos después de aplicarles el *hubiera*. Ejemplos: "si no lo hubiera hecho, si lo hubiera dicho, si hubiera ido, si me hubiera quedado", etc.

Como nuestros días son un tejido que enlaza hecho con hecho, modificar uno traerá consecuencia en todos. Pero si seguimos jugando en el mundo infinito de las posibilidades, descubriremos que lo esencial se cumpliría de todas maneras. Porque nuestra esencia no cambia ni con todos los hubieras y hubieses del mundo. Pero es posible que descubras que en muchas ocasiones actuaste impulsivamente, en otras te acobardaste, apuraste lo que no estaba maduro, te preocupaste de más o forzaste algo que no era para ti.

Repetidamente usamos y creemos en frases como: *Por algo será, no era para mí* o *Dios sabe por qué hace las cosas,* pero casi nunca confiamos en que nos guíe nuestra intuición.

No confundamos ser intuitivos con convertirnos en personas irresponsables, inconscientes o atrevidas. Considero que es correcto ser analíticos y desarrollar plenamente el adulto de nuestra personalidad, donde no se mezclan los sentimientos y nos permite llegar a conclusiones acertadas y convenientes.

Creo en la existencia de planes divinos, destinados para cada quien. Por lo que sería bueno tener una especie de alarma interna que nos dijera cuándo dejar de controlar. Aunque se trate nuestra de propia felicidad y en pos de ella, por qué no detenernos, observar los acontecimientos y dejar que las cosas simplemente sucedan. Que nos guíe nuestra estrella. Que nos alcance la fortuna. Vamos, concentrémonos y visualicemos cómo queremos ser, qué queremos lograr, dejemos que la vida nos ponga en el camino correcto, seguros de que el universo conspira a nuestro favor.

*Vislumbré el éxito,
lo vi, lo llegué a oler.*

Paulina: "Le hice caso a mi intuición y gané"

Yo estuve 14 años en la empresa Televisa donde realmente trabajé muy a gusto. Tuve la oportunidad de conocer, relacionarme y formar equipo con personas muy valiosas, y llegué a tener una continuidad de trabajo importante, vital para el desarrollo de mi experiencia actoral en televisión.

Pero llegó un punto en el que me sentía insatisfecha y detenida en mi crecimiento profesional. Ese momento de estancamiento de mi carrera televisiva coincidió con la llegada de dos ofertas de trabajo, ambas de Televisión Azteca. Por un lado, el productor Juan David Burns me ofreció protagonizar una telenovela y por otra parte Epigmenio Ibarra me invitó para formar parte del elenco estelar de la telenovela que estaba preparando en esos momentos: *Nada Personal*.

El ofrecimiento del señor Burns logró que me sintiera muy halagada pero no me cautivó y lo rechacé. Confieso que tal vez de manera precipitada, porque reconozco que, aunque deseaba un cambio, me provocaba miedo mudarme de una empresa que consideraba mi casa, laboralmente hablando.

Por otra parte, *Nada personal* sonaba muy interesante y coqueteé con la idea de arriesgarme; sin embargo cuando Epigmenio me explicó el personaje que me ofrecía y lo describió, literalmente, como "una garza herida", sin haber leído ni un libreto *intuí* que ese personaje no era para mí, que no me iba.

Y aunque ya me estaba animando a aceptar esa propuesta de trabajo que provocaría en mi carrera el cambio que yo tanto anhelaba, reforzada además por un contrato económicamente bastante atractivo, no acepté. Mi *intuición*, sin mostrarme un razonamiento ni darme una explicación, me dijo que no era para mí. Por eso no acepté, así de simple, no tengo otra justificación.

Seguí perteneciendo a los elencos de Televisa, hablando con los ejecutivos y productores para explicarles mi sentir, sin encontrar una respuesta satisfactoria.

Y tuve que esperar más de un año para que llegara la propuesta de interpretar a Paulina en *Mirada de mujer*. Cuando Marcela Mejía, productora de esa telenovela, me envió los libretos presentí que ese personaje estaba escrito para mí y acepté inmediatamente. No tuve dudas ni vacilaciones. Al contrario, vislumbré el éxito, lo vi, lo llegué a oler. Desde los primeros parlamentos que leí, sentí que yo tenía que interpretarlo. Y nada me detendría para lograrlo. No me equivoqué.

Toda la historia estaba muy bien escrita por el colombiano Bernardo Romero. Con personajes, parlamentos distintos y nuevos para el género. Paulina destacaba considerablemente: una mujer alegre y vital que se resistía con vehemencia al paso de los años, que era capaz de morir antes que confesar su edad. Ella era la mejor amiga y la amante más ardiente, la cómplice más divertida y al mismo tiempo la que lloraba en silencio los golpes que le propinaba su novio. Con serios problemas de autovaloración se atrevía por los demás pero se escondía en su soledad. ¡Qué personaje tan rico y maravilloso! Mil y un matices tenía Paulina Sarrazín y llegó a representar para muchas mujeres sus anhelos y sueños. Algunas se sintieron identificadas y otras vieron salir a la luz una realidad de la que no se hablaba comúnmente en telenovelas. Interpretarla no sólo me permitió un crecimiento actoral que aumentó mi popularidad y mi prestigio como actriz, sino que también me trajo infinidad de reconocimientos y satisfacciones.

Los conflictos de Paulina fueron el punto de partida para adentrarme en el estudio sobre la autoestima. Me apasionó el tema y tiempo después, como respuesta al pedido del público, que a decir de los productores "querían verme", preparé la conferencia: *Autoestima, la esencia de la mujer triunfadora,* que desde entonces y hasta la actualidad he presentado con mucho éxito en toda la República Mexicana. Y hoy puedo decir que la experiencia y confianza que he ganado desde entonces me han permitido aceptar la invitación para escribir este libro.

¡Qué decisión tan atinada fue el no haber aceptado una oferta de trabajo, pensando nada más en la parte económica, la urgencia del cambio o la sed de reconocimiento y éxito! ¿Fue suerte o inteligencia el permitir que me guiara mi *intuición*? ¿Qué hubiera pasado si no aceptaba?

*Alguien que crea ser perfecto, no querrá
reconocer lo equivocado que está.*

Decide ser feliz

Nadie es perfecto

¿Alguna vez pensaste en que debías ser perfecto o perfecta para merecer el respeto, el amor o el reconocimiento de los demás? ¿Prevalece en ti un sentimiento de insatisfacción? ¿Nunca te parece suficiente lo que das, haces o recibes? ¿Buscas la perfección en todo? ¿Siempre crees que podría haber salido mejor? ¿Estás convencido que necesitabas más tiempo o mejores recursos económicos para hacerlo mejor? ¿Te comparas con otras personas de tu misma profesión, edad o condición? ¿Te importa en demasía la opinión de los demás, la buscas y estás al pendiente de ella? ¿Prefieres no hacer a correr el riesgo de hacerlo mal?

Pues te diré: nadie es perfecto, aquí en la Tierra, por lo menos, la perfección no existe. Alguien que crea ser perfecto o busque serlo, no querrá reconocer lo equivocado que está ni aceptará fácilmente que ese afán de perfección lo mantiene sumido en la infelicidad.

Bertrand Russell, en su libro *El derecho a la felicidad* señala que entre las causas de la infelicidad está el excesivo miedo al fracaso. En esta sociedad, afirma, más que en ninguna otra, lograr el éxito por medio de la realización de cualquier actividad tiene grandes ventajas; sin embargo, realizar esa actividad, no por puro placer sino únicamente para que dé los frutos esperados, significa sucumbir a una meta vacía. Esa meta es en realidad vacía porque el placer logrado no es interno sino que proviene del aplauso que, gracias al éxito, ofrecen las demás personas.

En los artistas de todas las épocas se puede apreciar con bastante frecuencia esa búsqueda de perfección por medio del arte. Muchos de ellos, creadores de grandes obras admiradas por generaciones vivieron sumidos en la insatisfacción.

Si a la exigencia de *ser perfectos*, se le añade el sentimiento de insatisfacción que provoca estar convencidos de que *nunca es bastante* o *suficiente.* Y considerando que la perfección no existe y nunca seremos lo bastante o lo suficientemente: buenos, ricos, inteligentes, cultos, originales, bondadosos, exitosos, famosos, etc., es lógico que al estar bajo esas exigencias nos encontremos abatidos y siempre insatisfechos.

No me gusta la gente mediocre y no profeso la cultura del *ahí se va*. Por el contrario, me agrada la excelencia. La procuro en todos los órdenes de la vida. En mi trabajo, en mis relaciones, en mi persona. Pero considero que es muy diferente buscar la excelencia a buscar la perfección. Ser perfeccionistas con nosotros mismos y con los demás tampoco nos llevará a conseguir la excelencia. Quien va tras la excelencia, busca hacer realidad sus sueños, quien va tras la perfección, será testigo de cómo sus ideales se alejan y sentirá que nunca los alcanza.

Quienes viven procurando lo perfecto generalmente son personas que necesitan mucho del reconocimiento y la aprobación de los demás, y esa dependencia los hunde en la frustración. Su autoestima depende demasiado de la opinión de los otros. Entonces el perfeccionismo se convierte en un rasgo negativo de su personalidad. Por otro lado, buscar *lo mejor*, les permite estar más relajados y dejar abierta la posibilidad de equivocarse, corregir y superarse, es decir, se vuelve una condición positiva de la personalidad.

Si nos permitimos errar, nos damos la oportunidad de superarnos. Quien nunca se equivoca es generalmente aquel que nunca se mueve, que nunca hace nada que valga la pena. Bernard Shaw dijo: "Una vida usada cometiendo *errores* no sólo es más honorable sino que es más útil que una vida usada no haciendo nada".

Propongo que llevemos adelante nuestra vida con las *imperfecciones* que implica. Es mejor correr el riesgo de equivocarnos, sabiendo que podemos reconocer el error, superarlo y seguir adelante, que quedarnos paralizados por el temor de enfrentarnos con nuestras carencias. Sólo nosotros sabemos si actuamos con honestidad, pasión y entrega. Nadie más deberá presionarnos o juzgarnos.

Tienes que hacer oídos sordos a esas voces interiores que te exigen perfección, que no te permiten un error, que no perdonan tu humanidad. Intenta acallar la voz constante de la autocrítica. Trabaja en elevar tu autoestima, tu autoconfianza y sigue adelante en el logro de tus metas. Si dejas de lado el miedo, el pesimismo, las limitaciones que tú mismo te impones, conseguirás no sólo alcanzar tus objetivos sino que además disfrutarás de ellos.

¡Te doy permiso para equivocarte, para no ser perfecto y para ser feliz!

Oh, my God!

Drama Queen

En uno de mis viajes a Nueva York conversaba con mi hermana Miriam acerca del comportamiento de las jóvenes de hoy en día, y mencionó una expresión que me llamó la atención porque nunca antes la había oído. Miriam, al referirse a una de las amigas de su hija la llamó: *Drama Queen*. Le pregunté por qué y me respondió que así se les llama últimamente a las personas que hacen drama por todo.

Drama Queen, en español "reina del drama", es aquella persona que vive llevándose las manos a la cabeza y exclamando *Oh, my God!* en un tono de tal intensidad dramática que ya quisiera yo para algunas escenas de mis telenovelas.

Y la expresión *Oh, my God!* se repite a lo largo del día como respuesta a los más diversos hechos o situaciones. Porque amaneció nublado el día que tenía planeado para disfrutarlo en la playa, *Oh, my God!* Porque se le quebró una uña, *Oh, my God!* Porque llegó su periodo, *Oh, my God!* Porque tiene un retraso, *Oh, my God!* Y así podríamos hacer una lista enorme de los *Oh, my God!*, que la

Decide ser feliz

Drama Queen repetirá a lo largo del día sin que haya una mínima diferencia entre uno y otro, que señale la relevancia o gravedad que pueda tener el infortunio. Finalmente es una *Drama Queen* y está instalada en el drama. Y algo más: todo lo toma como algo personal y la vida está en su contra.

¿Cuántos de nosotros no seremos *Drama Queen* en la vida? Porque aunque no nos llevemos las manos a la cabeza ni digamos *Oh, my God!*, cada dos minutos, reaccionamos con la misma intensidad tanto en los problemas cotidianos, como en las situaciones realmente difíciles y comprometidas.

Actuar de esa manera, definitivamente representa un gasto de energía que podría ser mejor aprovechada. Y lo peor es que nos habituamos a esa sensación de malestar, de molestia y desazón. Porque vivir representando el rol de una *Drama Queen* es creer que todo en esta vida es un problema y que todo está mal.

Todos pasamos por situaciones que nos irritan o molestan a lo largo de un día, y también tenemos derecho a enojarnos e incluso a sentir profunda rabia cuando nos lastiman o un hecho nos hiere profundamente. No es recomendable guardarnos ese sentimiento de enojo, no es nada saludable y si no le permitimos salir terminará por hacernos más daño. Pero sería bueno tener una especie de tabulador para nuestros disgustos y rabietas, para aplicarles a cada uno la dosis de malestar en su justa dimensión; preguntarnos más seguido si tiene caso enfadarnos por tonterías o reaccionar enfurecidos a situaciones que nos desagradan. Además, muchas veces, son contrariedades ajenas a nuestro poder de decisión y que, en la mayoría de los casos, no alteran en lo fundamental nuestra vida.

Hay contratiempos que se repiten con cierta frecuencia; sin embargo, una y otra vez reaccionamos de la misma manera, perdiendo el control de la situación y haciendo un drama. ¿Será que nos gusta ser *Drama Queen*? ¿No sería mejor buscar la manera de evitar esos inconvenientes? Porque no hay duda de que si repetimos invariablemente el mismo esquema de comportamiento es lógico que se reiteren, idénticos, los problemas. Mucho más positivo sería reconsiderar nuestros hábitos y costumbres. Seguramente si cambiamos algunos de ellos, encontraríamos la solución a aquello que

Decide ser feliz

nos molesta. Por el contrario, persistir en el mismo tipo de reacción nos hará cada día más débiles, vulnerables e irritables. Dicho en otras palabras: "el que se enoja pierde".

En los casos de situaciones que escapan a nuestro control o que fueron imposibles de prever, entonces reaccionemos al hecho en su justa dimensión. Sobredimensionar los problemas o exagerar nuestra reacción al mismo, permite que las circunstancias tomen el control de nuestros sentimientos. Además corremos el riesgo de que ante situaciones en verdad graves, por este entrenamiento en la sobreactuación, no tengamos la frialdad y claridad necesarias para recurrir de inmediato a las acciones más adecuadas y benéficas. Todo porque, como diría mi hermana, nos hemos convertido en *Drama Queen. Oh, my God!*

*Hacer el amor,
amar y ser amados,
son una maravillosa
fuente de salud.*

La falta de salud y el estrés no te dejan ser feliz

> *No hay medicina que cure*
> *lo que no cura la felicidad.*
> GABRIEL GARCÍA MÁRQUEZ

La salud es el bien más preciado del ser humano. En eso coincidimos la mayoría. Puedes creer tenerlo todo: todo el dinero, toda la juventud, toda la belleza, todo el conocimiento, toda la libertad; pero si no tienes salud, es como si no tuvieras nada, porque darías todo y más por recuperarla. Aceptemos que para apreciar tanto nuestra salud es muy poco lo que nos empeñamos en conservarla y, por el contrario, es mucho lo que hacemos por estropearla.

Se sabe, por estudios científicos, que el cuerpo humano está preparado para vivir funcionando de manera natural hasta 130 años. Sucede que son agentes externos, provocados, la mayoría de ellos, por nosotros mismos, los que atacan negativamente a nuestra salud, reduciendo en mucho nuestros años de vida. Me refiero a la mala alimentación, un estilo de vida sedentario, las presiones laborales, los problemas económicos, el estrés, entre otros.

Todos anhelamos vivir más años, coincidimos en que deseamos permanecer en este mundo, siempre y cuando nos mantengamos sanos, física y mentalmente o, por lo menos, mientras seamos capaces de valernos por nosotros mismos. Esto no debería ser sólo un deseo, ya que cumplir años y llegar a la vejez no tiene porque ser sinónimo de inactividad o invalidez.

Si cuidas tu alimentación, procuras no tener sobrepeso, evitas los excesos de todo tipo, haces ejercicio y periódicamente acudes a chequeos médicos, estarás ayudando a mantener tu salud física. Pero seguir buenos consejos no será suficiente si en verdad quieres llegar a adulto mayor, cargado de vitalidad y energía.

Hoy se sabe que podemos envejecer de manera normal y vivir muchos años, o podemos padecer un envejecimiento patológico provocado por nuestro estilo de vida.

De acuerdo con el National Institute of Health de los Estados Unidos (Instituto Nacional de Salud), entre el 80 y 90 por ciento de las enfermedades más comunes en nuestros días tienen su origen, directa o indirectamente, en el estrés. El estrés es una alteración física y psíquica en nuestro organismo, causado por exigirnos un rendimiento superior al normal; genera una respuesta bioquímica que acelera la decadencia de las células de nuestro organismo, lo que resulta en un envejecimiento prematuro.

Es de vital importancia para nuestra salud la forma como nos relacionamos con nuestro entorno, la calidad de nuestras relaciones y el estilo de vida que seguimos. El desarrollo de una vida espiritual y creativa, así como un buen nivel de autoestima, nos aportarán calidad y tiempo de vida, porque las actitudes emocionales y psicológicas definitivamente influyen en el proceso de vejez.

Hoy se sabe, a ciencia cierta, que nuestros estados de ánimo ejercen poder sobre nuestra salud y aquello de que "la buena onda atrae buena salud" es verdad. En cambio, la depresión y la tristeza afectan directamente a nuestro sistema inmunológico.

En situaciones placenteras (risa, sexo, ejercicio físico), el sistema inmunológico de nuestro organismo libera unos neurotransmisores, entre ellos *betaendorfinas*, también conocidas como las hormonas de la felicidad, porque producen un estado de bienestar general.

Existen varias formas para estimular la producción de endorfinas, por ejemplo: realizar actividades que son de nuestro agrado provoca un mayor flujo de estas hormonas en nuestro cuerpo, lo que genera un cambio en nuestro estado de ánimo mejorándolo considerablemente. Cuando hacemos ejercicio físico provocamos un aumento de la cantidad de endorfinas presentes en la sangre, lo que retrasa la fatiga y nos da una sensación de vitalidad y bienestar.

Las caricias, los besos y los abrazos también estimulan la descarga de endorfinas, además de provocar la producción de feromonas, hormonas que aumentan el atractivo de la persona y cautivan a la pareja. La combinación de estas dos hormonas es la que produce la situación de placer durante y después de la relación sexual. (Últimamente he visto anunciados perfumes y lociones que presumen contener feromonas y prometen la conquista del ser amado. Si tu cuerpo puede producirlas naturalmente, ¿para qué gastar tu dinero?).

La risa tiene una notoria influencia sobre la química del cerebro y del sistema inmunológico por eso es la mejor fuente de endorfinas (catecolaminas). Basta con esbozar una sonrisa para que nuestro encéfalo comience a segregar hormonas, especialmente encefalinas. Por eso, aunque sientas que no tienes ganas o no encuentras motivo, trata de reír lo más posible, el día de mañana ahorrarás bastante en medicamentos. Como actriz me era más fácil actuar el drama, llorar, que reír. Sin embargo me gusta mucho hacer comedia y provocar la risa en los demás, la risa del público la siento como una caricia en mi alma, pero yo era de reír poco. Me di cuenta de ello y decidí que me sería sano reír más. No me salía con naturalidad, no me gustaba mi risa, y tuve que aprender a hacerlo. Recurrí a copiar otras risas hasta encontrar la propia que hoy fluye con mayor naturalidad. Gracias a mi tía Elsa y a mi amiga Mariángeles por ser fuente de inspiración.

Cuando nuestra mente está relajada, las endorfinas se segregan fácilmente y en mayor cantidad, por eso es tan recomendable la práctica de la meditación, el yoga u otras técnicas de relajación. (Ahora se ha popularizado en Occidente el *Yoga de la risa*, lo que suma el poder curativo de ambas actividades). También cuando recibes un masaje, las terminaciones nerviosas trasmiten hasta el cerebro el roce de las manos sobre la piel, activando la secreción de hormonas de la felicidad. Escuchar música, en especial melódica, provoca una importante liberación de endorfinas que pueden incluso llegar a lograr una disminución de nuestra frecuencia cardiaca y respiratoria, así como una importante relajación muscular.

Alguna vez habrás experimentado cómo el contacto con la naturaleza te llenó de energía y buen humor. Por eso, aunque estés cansado y pienses que quedarte en la cama todo el fin de semana te va a hacer bien, te beneficiaría más salir de la ciudad, ver más verde, más agua y más cielo. Sucede que el aire que se respira en el campo o en la playa está cargado de iones negativos, que estimulan las hormonas de la felicidad, ¿por qué desaprovechar esa fuente de energía y vida, que además es gratis?

El poder de la mente es maravilloso y pensar en hechos felices, así como evocar momentos gratos, puede ser la forma más sencilla de pro-

Decide ser feliz

ducir endorfinas y catecolaminas. Por ejemplo, tener un viejo y querido álbum de fotografías a la mano siempre te hará sonreír.

También es positivo para nuestra vida ser generoso y ayudar a los demás. Cuidar a los seres que amamos, atender a nuestros amigos y cultivar nuevas amistades.

Cuando necesites recuperar vitalidad y energía, practica lo que comúnmente llamamos "soñar despiertos". Diseña con la imaginación nuevos proyectos y anhelos, o escribe en algún cuaderno los planes que traes en mente. Unos se llevarán a cabo, otros no. No importa, todos habrán contribuido a tu bienestar. También platica tus sueños e ilusiones con tu familia, involúcralos y busca que se conviertan en tus cómplices para lograrlos.

En la recámara que comparto con el hombre de mi vida tengo un globo terráqueo. Sí, el mundo entero en nuestra habitación. Los fines de semana, mientras comparto el cafecito en la cama con mi marido, damos vueltas y vueltas al mundo planeando viajes. Muchas de esas travesías las hemos realizado, otras más tarde o más temprano las voy a realizar y otras quizás nunca se concreten, pero no importa, porque no saben cuánto las disfruto y de qué manera me llenan de energía con sólo imaginarlas.

Hacer el amor, amar y ser amados es una maravillosa fuente de salud. Por lo general, las personas que gozan de buena salud, física y emocional, no padecen problemas sexuales. Por otro lado, las estadísticas señalan que el 36% de los hombres y el 35% de las mujeres que mantienen relaciones sexuales a lo sumo una vez a la semana, se vuelcan al trabajo y otras múltiples actividades para olvidar sus frustraciones. Estas personas terminan por caer en un círculo vicioso de trabajo-estrés: mientras menos actividad sexual tienen, más son las ocupaciones de todo tipo con las que llenan sus agendas. Así hombres y mujeres agotan sus energías y llegan a casa demasiado cansados para disfrutar a su pareja. Su vida sexual se resiente, generándoles frustración y más estrés.

La doctora Ruth Westheimer una de las expertas sexólogas de mayor prestigio a nivel internacional, con más de 80 años de edad, en su libro *Dr. Ruth's Sex After 50: Revving up the Romance, Passion & Excitement!* (Sexo después de los 50: revivir el romance, la pasión y el deseo) da consejos para mejorar la vida sexual de las personas mayores de 50 años. Son consejos que pueden seguirse en cualquier edad. Westheimer sostiene que el secreto de una vida sexual plena es muy sencillo: "tomarse tiempo en la cama, evitar relaciones sexuales si se está cansado o ebrio y, sobre todo, jamás hacerlo sin las debidas precauciones". Sostiene que no se requiere ser un goloso para gozar. Para una relación satisfactoria es más importante demostrar interés por nuestra pareja y sus necesidades, combatir la rutina y el aburrimiento para mantener vivas las relaciones y el apetito sexual. El amante perfecto no tiene nacionalidad, color o raza, dice la doctora Westheimer y hoy podemos decir que tampoco tiene edad.

Para tener una vida sana, se requiere tener una actitud positiva. Son normales los conflictos y las preocupaciones, lo importante es saber tomarlos como lo que son: problemas pasajeros, retos a nuestra inteligencia, caídas, tropiezos y resbalones, lo que sea, serán pasajeros. Sólo la muerte es definitiva. Todo lo demás tómalo como experiencia de vida. Aprende a expresar y resolver los inconvenientes que se presenten, ganando con ello sabiduría a cada paso.

Si deseas mantener una buena salud, suelta la tristeza, la desilusión, la culpa y la rabia en el momento preciso, y también expresa abiertamente la alegría, mirando siempre el lado positivo de todo. No permitas que el rencor te arruine la vida y te impida ser feliz. Aprende a perdonar y a perdonarte. Cuando estamos enfermos es lógico estar preocupados y no será fácil encontrar razones para sentirnos felices, pero es en ese momento cuando, más que nunca, debemos recordar que tener pensamientos negativos provoca cambios en la química de nuestro cerebro, generando efectos nocivos para el organismo y, por el contrario, pensamientos de alegría y amor tienen un efecto estimulante en nuestro sistema inmunológico. Nuestros pensamientos se vuelven de esta manera una herramienta valiosísima que debemos aprender a usar a nuestro favor.

Aquí van algunos consejos que te pueden ayudar a aliviar el estrés en el trabajo, en tu casa y en tu vida diaria.

- Duerme bien en la noche para empezar mejor el día

El mejor tratamiento de belleza es dormir bien. Hombres y mujeres, por igual, necesitamos mínimo de seis a ocho horas de sueño para que se cumplan los procesos biológicos que restauran nuestro cuerpo. Por eso, dormir naturalmente, sin recurrir a fármacos para lograrlo, hará que en la mañana nos sintamos no sólo descansados sino también renovados y hasta rejuvenecidos. Si logramos dormir sin dificultad, tranquilamente y pasamos la noche sin sobresaltos, es un síntoma importante de que tenemos buena salud. Por el contrario, si nos cuesta conciliar el sueño o padecemos de insomnio, debemos recurrir al médico para saber qué nos está pasando. Jamás recurras a la automedicación para solucionar este problema. Para empezar bien el día levántate, por lo menos 15 o 20 minutos más temprano de lo que acostumbras normalmente. Hay un truco que puedes hacer con la alarma de tu reloj para conciliar un sueño profundo antes de tu hora de levantarte. Necesitas dos relojes o un reloj con dos alarmas. Programa la primera dos a tres horas antes del horario que te quieres levantar y la segunda a la hora que necesitas despertarte. Cuando suene la primera, procura abrir muy bien los ojos, ir al baño, si así lo deseas, luego miras el reloj y piensas: "¡qué bueno, puedo dormir dos o tres horas más!" y lo haces. Te aseguro que este segundo sueño será más profundo y reparador. Así despertarás mucho más recargado cuando suene la segunda llamada.

* Organízate

Desde la noche anterior deja alistada la ropa que vas a usar, tus materiales de trabajo, el celular cargado, las llaves a la mano (del auto y de la casa), el *lunch*, si acostumbras llevarlo, y también tu desayuno preparado, listo para calentar y servir. Se trata de quitar estrés a tu salida de casa.

* Desayuna

Nunca salgas de tu casa sin desayunar. La mayoría de nuestros problemas de salud está relacionado con malos hábitos alimenticios, entre ellos el no desayunar. Jamás podrías llegar a tu lugar de trabajo conduciendo un auto que no tuviera gasolina ni lo intentarías ¿verdad? Pero qué tal le exiges a tu organismo que funcione sin combustible. Un café o un vaso de leche, un vaso de jugo de naranja natural o una fruta fresca y una tostada de pan integral untada con tu mermelada favorita, es suficiente. Son muy prácticas esas cafeteras automáticas con reloj que puedes programar para que te despierte el aroma del café recién hecho. Mi marido y yo no perdonamos ese primer cafecito de la mañana y una cafetera de esas aportó más gusto a nuestro despertar.

Ejercítate

Hacer ejercicio de forma regular nos ayuda a prevenir problemas cardiovasculares, de hipertensión, ataques cerebrales, problemas de diabetes, osteoporosis y también problemas de depresión, ya que ejercitarnos es una excelente manera de liberar estrés. No importa que no seas un atleta o que jamás hayas pisado un gimnasio, nunca es tarde para empezar y si lo haces con disciplina pronto verás los beneficios en tu calidad de vida. Empieza con algo sencillo. Caminar es una excelente opción. Prográmate para hacerlo todos los días, de manera rápida y por lo menos unos

30 minutos (si es una hora mucho mejor). El objetivo no es convertirte en un maratonista sino sentirte bien. Otros ejercicios aeróbicos son bicicleta, subir escaleras, nadar o bailar. También realizar estiramientos te ayudará a relajar los músculos tensos que te hacen sentir estresado. Hacer *streching* (estiramientos) todas las mañanas antes del ejercicio aeróbico será benéfico para ti.

- Come sano

Está comprobado que actividad física más alimentación saludable da como resultado vivir más y mejor. Aprende a comer de manera saludable. Evita la comida chatarra y elige mejor alimentos ricos en fibra que incrementen tu energía. Los nutricionistas recomiendan entre 25 y 35 gramos de fibra al día. Lo ideal son los granos enteros, cereales o panes de trigo integral, así como alimentos completos, por ejemplo, una manzana en lugar de jugo de manzana. Cuidado con los carbohidratos, panes, dulces y frutas, te dan mucha energía pero también aportan demasiada azúcar a tu organismo. Lo mejor es una dieta balanceada, donde además de granos, incluyas proteínas y vegetales. Controla tu consumo de cafeína y de alcohol porque sólo van a aumentar tu nivel de estrés. Los refrescos, los tés negros y verdes tienen mucha cafeína. Bebe más agua. La falta de agua en tu organismo te predispone a sufrir de estreñimiento y también puede ocasionarte problemas de presión arterial o alteraciones en la función renal.

- Sé puntual

La puntualidad no sólo es un rasgo de buena educación sino también de inteligencia. Llega temprano a tu trabajo. No justifico por ninguna razón el llegar tarde a nuestras primeras citas del día.

- Resuelve

No acumules pendientes y acostumbra a tener limpio y ordenado tu escritorio. El desorden agrega estrés a tu vida. Resuelve, contesta, archiva, deriva, atiende. Los asuntos sin resolver o que dan vueltas a nuestro alrededor contaminan nuestro espacio vital y generan estrés. No exageres con el uso del teléfono celular o del correo electrónico. Hoy por hoy son las formas más comunes de comunicación pero también pueden llegar a ser las más estresantes. El abrir una lista interminable de mensajes electrónicos puede ser abrumador, sin mencionar el tiempo que te lleva leerlos, y mucho más contestarlos. Mejor desechar cualquier correo electrónico no deseado.

* Organízate y planifica

Aprende a ser más organizado y disciplinado en tus labores. Planifica un orden de prioridades en tus actividades y pendientes. Esta simple tarea te ayudará a retomar el control de tu vida y lograrás que tu día sea más relajado y productivo. Para aprovechar mejor el tiempo, lo ideal es planificar todas tus actividades con una semana de anticipación. A la hora de hacerlo procura ser realista y no olvides darte permiso para ser flexible y hacer cambios en caso de ser necesario.

Decide ser feliz

Respira

Que no se te olvide respirar. Ya sé que respirar es un acto automático e involuntario pero en momentos de estrés hazlo de manera consciente. Cuando estamos estresados tendemos a respirar más rápido, lo que nos hace sentirnos más tensos. Inhala profundamente por la nariz, contando mentalmente hasta ocho, luego exhala lentamente contando hasta 16. No fumes. La nicotina es un veneno que metes a tu organismo. El placer que encuentras al fumar está en tu mente, el daño se lo haces a tu organismo. Quien fuma un cajetilla diaria tiene 8 veces más posibilidades de desarrollar cáncer de pulmón que la persona que no lo hace.

Mírate

Vete al espejo, mírate a los ojos con amor. Relaja tu rostro, sonríe. Es diferente vernos al espejo cuando nos peinamos, para maquillarnos o rasurarnos, que mirarnos para reconocernos, aceptarnos y cambiar ese entrecejo fruncido o esa mueca de disgusto por una sonrisa de amabilidad. En mi profesión, el personaje que me toca interpretar no lo busco sólo en mi interior, también lo voy creando desde afuera. Con el maquillaje, el peinado, los gestos, el andar. Ese trabajo puedes aplicar a tu persona y no quiere decir que vivirás mintiendo, interpretando un personaje que no eres tú. Es simplemente un recurso que te recomiendo para que logres parecerte a ese ideal que tienes en tu mente y que deseas ser.

- Disfruta y trabaja con pasión

Dedica algunas horas de la semana a hacer algo que realmente disfrutes. La vida no es sólo obligaciones y rutina. Tu reunión de amigas o amigos, tu tarde de cine, la jardinería, la pintura o ese *hobby* que tanto te apasiona, no abandones estas actividades, al contrario tienes que anotarlas en tu agenda y cumplir con ellas de la misma manera como cumples con todos tus compromisos laborales. No esperes a jubilarte para hacer lo que te gusta. Un estudio conducido por el Center for a New American Dream (Centro para el Nuevo Sueño Americano) reveló que más del cincuenta por ciento de los estadounidenses estarían dispuestos a tomarse un día libre del trabajo sin paga para sentirse menos estresados y tener más tiempo con sus familias. Sin menospreciar la importancia de esta revelación, yo considero fundamental que nos guste nuestro trabajo. Pasamos un mínimo de ocho horas, o sea un tercio de nuestro día, dedicados a nuestras actividades laborales. Por eso, si no estamos contentos con ellas es lógico que ese sentimiento de infelicidad nos acompañe siempre. Es una realidad que la gente feliz con su trabajo, aunque sea pesado, se enferma menos en comparación con quienes consideran sus actividades una obligación rutinaria y sin gratificación emocional. En lo personal me gusta decir: "Yo elegí algo que me gusta hacer por eso no tengo que trabajar". Y esa es generalmente la respuesta que doy cuando me preguntan de dónde saco energía para todas mis actividades. Le pongo pasión a todo lo que hago.

Goza la vida

Gozar la vida es vivirla con felicidad auténtica. Encontrando alegría, emoción, placer en las cosas más simples y cotidianas. Comer, ir al cine, reunirnos con amigos, salir de compras, correr bajo la lluvia o descubrir un arcoíris, pueden ser actos superfluos o motivos de regocijo, de ti depende. Si desarrollas esa capacidad de goce y la vuelves un hábito, esa manera de enfrentar tu día a día será generadora de un bienestar verdadero.

- Cuida tu salud espiritual

Antiguamente y en muchas culturas, los sacerdotes y los chamanes eran los encargados de curar a la gente. Desde entonces podemos apreciar un vínculo entre la fe, la espiritualidad y el bienestar de las personas. Si quieres vivir mucho y sano, atiende tu espíritu. A menudo confundimos la palabra espiritualidad con religión y no son lo mismo. La religión tiene que ver con el conjunto de dogmas, normas y prácticas relativas a una divinidad y dictadas por una institución. En cambio, la espiritualidad es más personal y relativa al sentimiento y pensamiento individual. Es importante mantener contacto con lo más íntimo de nosotros mismos. Puede ser a través del silencio, la meditación, la contemplación o la oración. Estar conectados con nuestra espiritualidad significa también estar conectados con un poder superior. Hay muchas formas de alimentar nuestro espíritu y cada quien debe encontrar aquella que más le satisface. La música, la lectura, el yoga, la observación de la naturaleza son algunos de los caminos que te conducen a ese ser supremo que habita en tu interior.

* Piensa positivo

Las personas pesimistas se vuelven amargadas, viven entre la desilusión y la tristeza. Louise L. Hay dice: "Si deseamos tener una vida feliz, debemos tener pensamientos felices". Dedica siempre un momento del día para reflexionar sobre las cosas buenas de la vida. En el capítulo I *Drenaje mental o me dispongo a ser feliz* de este libro explico más este punto. Un pensamiento positivo contribuye a eliminar de manera instantánea tu mal humor y te puede ayudar a curar la dolencia que te aqueja.

* Descansa

Vete a dormir más temprano. Te reitero que las noches bien dormidas son reparadoras y en cambio no descansar de manera adecuada aumenta tu nivel de estrés. Procura no ver televisión en el cuarto y mucho menos escuchar las noticias antes de dormir. Tampoco cenes pesado y no bebas refrescos ni café después de las 6 de la tarde. Si no consigues dormir bien, consulta con el médico pero insisto nunca te automediques, mucho menos con pastillas para dormir.

Si sigues estos consejos podrás vivir sano y feliz hasta los 80, los 90, los 100 años.

*El índice de suicidios de niños en México
ha aumentado de manera alarmante.*

Depresión

La depresión es, sin duda, el gran mal de este nuevo siglo y no quiere decir que antes no existiera, pero es alarmante como ahora jóvenes, adultos, ancianos y hasta niños la padecen. No importa la clase social, el nivel de estudios o el potencial económico. Países de primer nivel, con gran desarrollo e infraestructura en estudio, trabajo y seguridad, ostentan altísimo número de personas enfermas de depresión. Las noticias dan cuenta de que en México, el índice de suicidios en niños ha aumentado de manera alarmante.

Golpea mi mente el recuerdo de una persona que conocí en San Miguel de Allende, joven, no llegaba a los cincuenta años, guapo, rubio, delgado, jovial, con alto nivel económico, activo en sus labores por medio de internet y de su nueva ocupación: la remodelación y construcción de casas en el centro de San Miguel, lugar que le fascinaba para vivir y que había adoptado para su futuro. Divorciado, con hijos, con una novia y planes de casamiento. Sociable y apreciado por las personas que lo conocían, había hecho nuevos amigos y no se podría decir que estuviera solo.

Pero solo y muerto lo encontraron en la cama de su hermosísima casa del centro histórico de San Miguel de Allende. Se suicidó. Dejó varias cartas y en ninguna culpaba a nadie de su decisión. No estaba enfermo, o mejor dicho sí lo estaba, sufría de depresión.

Como este caso, puede haber muchos a nuestro alrededor. Debemos estar muy atentos con el comportamiento de nuestros hijos, en especial de los adolescentes, así como de las personas mayores.

Una persona deprimida, no sólo se siente triste sino que tiene su voluntad quebrada. Está incapacitada para gozar la vida y padece un cansancio físico casi paralizante. No puede pensar con claridad, no quiere comer o lo hace con ansiedad, no desea moverse, no puede ver el sol. La depresión pide quietud y oscuridad. Para atacarla hay que ponerse en movimiento y salir a la luz. Pero eso no es todo ni suficiente.

Es absolutamente normal sentirnos tristes algunas veces y todos experimentamos dolor ante las desgracias, especialmente después de la muerte de un ser querido, pero este sentimiento va desapareciendo con el tiempo. La depresión no. Al contrario, si no se la trata puede agravarse y será alto el precio que pagaremos por ello.

Las personas mayores pueden padecer depresión y confundirla con signos de envejecimiento. Esto es un error, la depresión no es parte natural de la vejez.

Las causas de una depresión pueden ser muchas y los científicos creen que pueden estar relacionadas con un desequilibrio en las sustancias químicas del cerebro llamadas neurotrasmisores. Expertos consideran que hay personas con una fragilidad genética para la depresión, de allí que a veces es un trastorno que observamos en familias completas. También hay rasgos en la personalidad que pueden predisponernos a la depresión: baja autoestima, demasiada autocrítica, pesimismo, ansiedad o estrés.

Definitivamente se requiere de la ayuda de un profesional para superar un cuadro de depresión. Estoy segura de que no basta un bien intencionado *échale ganas* para salir adelante. Es más, pienso que frases como esa que se pronuncian para ayudar, pueden provocar un efecto contrario. Los tratamientos más efectivos generalmente combinan la psicoterapia con medicamentos adecuados, siempre recetados por un especialista.

Sería muy irresponsable de mi parte pretender, desde las páginas de un libro, dar consejos para solucionar lo que definitivamente es un problema de salud. Mi recomendación más honesta es estar atentos al comportamiento y las expresiones tanto físicas como verbales de las personas que amamos, y ante la sospecha de estar frente a un cuadro de depresión, no esperar a que este se agrave para recurrir a la ayuda de un profesional.

Si estás preocupado por la salud de un ser querido y temes que está padeciendo esta enfermedad, observa su comportamiento. Los signos y síntomas de depresión incluyen: ansiedad, alteraciones en el sueño, aumento o disminución del peso, fatiga, pérdida del deseo sexual, pensamientos recurrentes de muerte, ataques de pánico, abandono de actividades que eran de su interés, problemas de memoria, cansancio, falta de energía. Otros síntomas físicos también asociados con depresión son diarrea o estreñimiento, dolores abdominales y jaqueca.

Sé que no es sencillo para quienes no somos especialistas elaborar un diagnóstico de esta enfermedad pero, por experiencia personal y de familiares muy queridos (Mariana, ¡estoy muy feliz de que hayas recuperado tu alegría de vivir!), es mejor ser aprensivo y pecar de exagerados a tener que lamentaro.

*Yo mejor, eso de morirme,
lo dejo para lo último.*

Preparado para morir pero no para vivir

> *La vida no deja de ser divertida cuando la gente se muere, como tampoco deja de ser seria cuando la gente se ríe.*
> BERNARD SHAW

Me ha sucedido más de una vez que, en el momento menos oportuno me llaman por teléfono para ofrecerme los servicios de una funeraria. Y digo que era el momento menos oportuno porque una vez estaba a punto de salir hacia un hospital para someterme a una cirugía y sentía bastante temor. En otra ocasión ya estaba lista para salir de viaje, iba muy dispuesta a disfrutarlo, y lo que menos quería era pensar en una fatalidad. Así que por más que el vendedor trató de convencerme de las ventajas de comprar anticipadamente los servicios de lo que será nuestro último evento en este mundo, no lo logró.

Pienso que está bien que tengamos claro cómo deseamos ser despedidos de esta vida y si les podemos evitar a nuestros seres queridos las dolorosas elecciones y decisiones de esos tristes momentos, debemos hacerlo. Sin embargo, confieso que aún no he tomado las previsiones para el día en que me toque irme de este mundo. Y no es que no lo haga por supersticiosa, mucho menos porque me crea inmortal, sino porque eso de estar pensando en la muerte, como que no va conmigo. O como diría mi amigo el español: "yo mejor, eso de morirme, lo dejo para lo último". Y es que estoy tan ocupada en vivir que no tengo tiempo de pensar en morir.

Por lo mismo, me resulta tan curioso encontrar personas que tienen comprado el servicio, organizado su funeral, pagado el terrenito donde enterrarán su caja o el lugar donde será depositada la urna con sus cenizas. Pero es más curioso aún que algunas de esas personas tan previsoras han ocupado más tiempo y dinero en planear cómo morir que en pensar cómo vivir.

A esa conclusión llegué al platicar con un amigo que vive en San Miguel de Allende. Él es joven, en sus *earlys* cuarenta, como dirían los estadounidenses, soltero, sin planes de comprometerse a una vida en pareja, mucho menos de formar una familia con hijos. Aunque tiene varios hermanos y sobrinos, mi amigo decidió que sería mejor ocuparse él mismo, y con la anticipación debida, de los detalles de su funeral. Por eso ya contrató y pagó en su totalidad los servicios de una funeraria para lo que serán sus exequias. Hasta aquí está todo muy bien, qué bueno que puede estar tranquilo de que tendrá una ceremonia del adiós a su gusto y que sus familiares quedan liberados de todo gasto y responsabilidad.

Nuestra plática de ese día era en torno a las finanzas. Como nos tenemos confianza, y él es contador, me interesó preguntarle qué planes tenía contratados para su retiro. Ambos trabajamos de manera independiente y sabemos que la jubilación que podríamos llegar a recibir algún día, pudiera llegar a ser insuficiente para vivir sin apremios económicos.

Por eso al estar ante una persona tan previsora, yo estaba segura de que él ya tendría resuelto ese tema y me sabría aconsejar para mi futuro. La sorpresa me la llevé cuando me contestó que no tenía nada planeado respecto a su retiro laboral ni tenía considerado cómo mantenerse cuando este ocurriera. Entonces me atreví a preguntarle por su seguro de gastos médicos, su plan de ahorro, cochinito o guardadito, lo que fuera que tuviera previsto para asegurarse una muy buena atención médica en caso de necesitarla.

También quise preguntarle si tenía alguna estrategia en mente para llevar a cabo las cosas que siempre deseó hacer en el momento que contara con todo el tiempo libre del mundo; por ejemplo, viajar a la India, ya que un día me confesó que ese era uno de sus sueños.

Pues no, para nada. Nada de eso lo tiene proyectado, planeado o asegurado. Ni previsiones para cuidar su salud ni ahorros para disfrutar su tiempo libre. Entonces llegué a la conclusión de que mi amigo se preparó para morir pero no para vivir. Él está seguro, como lo estamos todos, de que la muerte un día le va a llegar. Pero evidentemente, no advierte que mientras está vivo, tiene derecho a disfrutar el placer de cumplir sus sueños.

Yo considero que debemos ser conscientes que de nosotros depende tomar las precauciones que nos ayudarán a tener una vida gozosa. Gozar nuestro presente no nos libera de la responsabilidad con nuestro futuro, pero sin llegar al extremo de aquellos que no se permiten disfrutar lo que tienen, en el hoy y en el ahora, porque prefieren guardarlo para más adelante. Me viene a la mente el recuerdo de una tía que tenía un hermoso ropero lleno de sábanas de hilo maravillosas, que nunca usaba. Las guardaba especialmente para cuando ella o su marido estuvieran enfermos y tuvieran que recibir la visita del médico. En esa época los médicos todavía hacían visitas a domicilio. Claro que yo les hubiera recomendado a mis tíos gastar esas mismas sábanas en noches de pasión cuando estaban sanos.

Asimismo, a los que viven intensamente el día a día sin tomar previsiones para el mañana, no les va muy bien porque, cuando el futuro los alcanza, por esa falta total de planeación no tienen los recursos para disfrutar a gusto su tiempo libre. También exageran los que ahorran hasta el último centavo y consideran una osadía gastar algo de su dinero en complacer sus gustos; cuando llega el día en que se permiten hacerlo resulta que ya es no es lo mismo, se les pasó su hora. Por eso en todo presupuesto hay que destinar siempre algo para el ahorro, sin olvidar gastar hoy un porcentaje en la diversión. ¿Cuáles deben ser esos porcentajes? No es fácil decirlo. A cada quién le corresponde determinarlos y dependerán de la edad, de las obligaciones y los compromisos, entre muchas otras cosas. Pero no olvidemos ser sensatos y encontremos un equilibrio entre el guardar, el gastar y el disfrutar. Este consejo también es válido para aquellos que llenan sus días con obligaciones, trabajo y responsabilidades, sin dejar algo de tiempo para la diversión o la satisfacción de sus placeres. Se les olvida que la vida no se puede dejar para después.

Terminé presentando a mi amigo con un agente de seguros. Ya contrató un plan de ahorro y retiro, con seguro médico incluido, el cual pagará en cómodas cuotas. Está muy contento con la decisión y ahora vive entusiasmado ideando todo lo que hará cuandos se jubile. Ya no se prepara para morir, creo que ni piensa en ello, está muy ocupado aprendiendo a vivir.

*La vida está hecha de tiempo
y el tiempo no se puede detener.*

Sin tiempo para ser feliz

Dicen que: "La muerte está tan segura de su victoria, que nos da toda una vida de ventaja". También he oído decir, muchas veces, que "para morirse sólo se necesita estar vivos" o que "lo único seguro que tenemos es la muerte". Y sin negar esa sentencia, yo elijo pensar que lo único seguro que tenemos es la vida. El hoy, el aquí y el ahora.

¿Para qué es la vida sino para vivirla?

La vida está hecha de tiempo y el tiempo no se puede detener, atrapar, almacenar o guardar para después. Las manecillas del reloj giran, las horas pasan, y de cómo y en qué ocupemos ese tiempo, dependerá cómo vivamos nuestra vida.

Sé que no estoy diciendo nada nuevo ni es mi intensión plantear una nueva teoría relacionada con el girar de nuestro planeta en el universo. De lo que se trata es de vivir nuestro día a día, hacer consciente nuestro minuto a minuto, disfrutar cada respiración, cada latido de nuestro corazón, regalarnos siempre la oportunidad de tener una mejor calidad de vida.

Observa la vida que llevas. ¿No habrás caído en una rutina que te hace infeliz? Acostumbrado siempre a despertar sobresaltado porque ya es tarde; salir corriendo a la calle, sin desayunar, porque estás atrasado; medio enterarte de las noticias del día, bajo el chorro de la regadera o en el camino a tu trabajo porque no puedes perder tiempo, a comerte un sándwich, unos tacos o lo que sea, porque la hora del *lunch* no da para más. Después de pasar el día bajo un sol artificial, sales de la oficina cuando ya es de noche, y vas dormitando camino a casa porque estás cansado. Cenar rápido, ver algo de televisión y a dormir pesado porque mañana habrá que levantarse temprano para repetir la misma rutina.

Prometes a tu familia dedicarle el fin de semana porque te has acostumbrado a pensar que siempre están ahí y vives con la idea de que están bien sin molestarte en ocupar tu tiempo para averiguarlo. Lo mismo ocurre con tus amigos. Como autómata repites: "¡Hay que vernos!" "La semana próxima nos reunimos..." "Yo te llamo..."

Por fin, el sábado y el domingo llegan para descansar y resulta que quieres hacer todo lo que has dejado pendiente durante la semana. Compras, arreglos en la casa, cuidados personales, cortarte el cabello, *manicure* y *pedicure*, hacer ejercicio, ir al club, visitar a familiares, reunirte con amigos, estar con tu pareja, tener sexo, jugar con tus hijos y, por supuesto, también quieres dedicar un rato a organizar el trabajo de la semana próxima para no sentirte tan estresado.

Si bien te va, no habrás llegado a hacer ni la mitad de esos pendientes cuando, te aseguro, estarás agotado, por lo que para la próxima mejor decides quedarte durmiendo el fin de semana completito, despertar, comer algo entre sábanas viendo televisión para, más tarde, seguir durmiendo.

Cualquiera de estas dos opciones: correr de aquí para allá, o quedarte en la cama, no te hará feliz. Por el contrario, aumentará tu sentimiento de frustración porque no es de esa manera como quieres vivir tu vida.

Por querer ganarle al tiempo te estás perdiendo de vivir. Reflexiona y cambia antes de que la distancia con la muerte sea más corta y a pesar de la ventaja que tuviste, ésta te alcance, haga efectiva su victoria y entonces sí te habrás quedado sin tiempo para ser feliz.

Es tan lindo no hacer nada.

Decide ser feliz

La felicidad de no hacer nada

A mi hermana Mabel le aprendí eso de ser feliz sin hacer nada. No piensen mal de ella porque les aseguro que no es ninguna holgazana ni desobligada. Ella trabaja, trabajó siempre y mucho. Crió tres hijos, lleva adelante su hogar, por cierto cocina delicioso y además es la asistente personal de un destacado decorador de interiores neoyorkino. O sea, que pareciera que eso de no hacer nada, no le va.

Sin embargo, un día que estaba yo de visita en su casa me dijo textual: "es tan lindo no hacer nada". Ante mi cara de no entender de qué me hablaba, me lo reiteró: "es tan lindo no hacer nada". "Sí, quedarse quieta, sentada, sin hacer nada".

Ella no hablaba de meditar ni de poner la mente en blanco, con música, velas o aromas. Sólo me proponía quedarme un rato sentada, sin hacer nada.

Yo no salía de mi asombro. Confieso que no creo ser hiperactiva, pero quienes me conocen saben de mi capacidad de hacer más de dos cosas a la vez. Y no me refiero a conducir y maquillarme, acciones nada recomendables de hacer al mismo tiempo, pero en la que la mayoría de las mujeres, especialmente quienes vivimos en la ciudad de México, somos muy hábiles.

Reconozco que siempre estoy *haciendo algo*, leyendo, estudiando, escribiendo, hablando por teléfono, revisando cuentas, ordenando mi ropa, cocinando (me encanta cocinar y dicen, quienes probaron mis especialidades, que lo hago bastante bien). Yo no sé lo que es ver televisión concentrada sólo en la pantalla, mis manos tienen que estar haciendo otra cosa, pegando fotografías en un nuevo álbum, revisando correspondencia o poniendo orden en el cajón de mi buró (mesa de noche). Mi camioneta es una especie de camerino, oficina, comedor y centro recreativo, además de por supuesto, un medio de transportación. Porque mientras el buen don Raúl (chofer) atraviesa la ciudad para llevarme de la casa a la oficina, de la oficina al gimnasio, del gimnasio al *spa*, del *spa* a los estudios de Azteca, pasando por el consultorio del dentista, un centro comercial y el salón donde me arreglan el cabello, las manos y los pies, por cierto una persona para cada cosa para que sea al mismo tiempo. Mientras él conduce yo voy trabajando con Ricardo, mi buen asistente, brazo derecho e izquierdo también, desde luego conectada en la *laptop*,* a la maravillosa BAM, banda ancha móvil, así voy contestando correos electrónicos, leyendo periódicos, escuchando las noticias, respondiendo a alguna entrevista, tomando cafecito y comiendo algún tentempié que siempre llevo en mi lonchera.

Entienden porque el comentario de mi hermana me dejó tan sorprendida.

¿Cómo quedarse sin hacer nada? ¿Nada de nada? No lo entendía, no me entraba en la cabeza pero me atrajo la idea y la probé. No me he convertido en adicta pero me gustó mucho, y ahora no digo que todos los días, pero bastante a menudo, la pongo en práctica y les puedo asegurar que estando sola o acompañada, en esos momentos de quietud que he aprendido a intercalar en la vorágine de mis días, soy muy feliz.

Gracias Mabel, sin proponértelo me diste un gran consejo, que ahora comparto con todos. Se los recomiendo: paren un poco, quédense quietos, no hagan nada o mejor dicho sólo sean felices.

---

* Mi computadora portátil.

No es lo mismo saber qué me hace feliz hoy a planear un futuro con felicidad.

Decide ser feliz

La más lista de las listas

Estoy segura de que si analizáramos qué actividades, cosas o experiencias nos hacen felices, nos daríamos cuenta de que muchas de ellas están al alcance de nuestras posibilidades; sin embargo, nos las hacemos, compramos o practicamos con más frecuencia simplemente porque no pensamos en ellas.

Yo soy una persona de listas. Como buena capricorniana soy muy organizada y práctica, y tengo por costumbre hacer listas. En mi bolsa nunca falta una libretita y una pluma para anotar todo, porque yo de *todo* hago listas: de lo que voy a comprar en el súper, como en el centro comercial o en la farmacia. Apunto los nombres de las personas que invitaré a una reunión en la casa, así como también de los platillos y bebidas que serviré. Desde noviembre, año con año, elaboro las listas de las personas a quienes regalaré en Navidad, y por supuesto, al lado de cada nombre otra lista con las opciones de regalo y presupuesto estimado.

Me gusta mucho viajar y lo hago con bastante frecuencia, ya sea por trabajo o por placer, por lo que empacar se ha vuelto una actividad muy frecuente en mi vida, sin embargo esto no me exime de hacer una lista de lo que debo guardar en mi maleta, en el bolso de mano y en el sobre de documentos.

Y desde luego, cada día antes de salir de la casa hago listas de mis actividades, independientemente de que estén anotadas en mi Palm (agenda electrónica), y las numero de acuerdo con el orden que considero más conveniente para su realización. Varias veces al día reviso el inventario de pendientes con el objetivo de ir cumpliéndolos en el orden programado, y nada me da más gusto que ir tachando una a una las tareas cumplidas.

También hago listas por ejemplo de películas que deseo ver, y esto me facilita no estar horas frente a los anaqueles del videoclub, apunto los títulos de los libros que no debo dejar de leer, los nombres de los amigos que debo llamar antes de que pase esa semana, y aunque se dice que las cosas que son realmente importantes para uno no se olvidan porque están apuntadas en nuestro corazón, a mí el apuntarlas también en una hoja de papel me ahorra muchos lamentos.

Decide ser feliz

Sin embargo, nunca había realizado una relación de las cosas que me gustan, de las actividades que me divierten, o de las cosas que simplemente me hacen feliz. Al escribir sobre el tema, lógicamente, casi se volvió una obligación hacerlo.

Creo que es importante diferenciar entre las cosas que me *hacen* feliz hoy, y las que me *harían* feliz si consigo llevarlas a cabo. No es lo mismo identificar con qué me regocijo en mi presente, a planear un futuro con felicidad.

¿Qué me hace feliz?

- Despertar junto a Ariel.
- Hacer el amor.
- Reír con amigos.
- Pasar un día en familia.
- Jugar con Leah (mi sobrina nieta).
- Caminar en la playa.
- Bucear.
- Que me den un buen masaje.
- Cocinar.
- Escribir.
- Actuar.
- Comprarme zapatos.

- Comprarme un vestido de diseñador y la bolsa también.
- Comer pizza.
- Beber *champagne.*
- Regalarme flores.
- Ver ballet.
- Salir a cenar con mis hermanas (Miriam, Mabel y Mariel), sólo las cuatro, nadie más (perdón, Hugo, pero saliste varón y vives en Miami).
- Comprar regalos.
- Festejar mi cumpleaños.
- Hacer fiestas y reuniones de amigos.
- Viajar.
- Planear esos viajes.

¿Qué me haría inmensamente feliz?

- Realizar un viaje en crucero con mis hermanos (ahora sí, Hugo, estás invitado).
- Saber patinar.
- Hablar perfectamente italiano.
- Tener la gracia de envejecer, y envejecer con gracia.
- Inventar algo de gran beneficio para la humanidad.

Decide ser feliz

- Tener la certeza de que seré inolvidable.
- Convertirme en escritora.
- Publicar un libro que sea un *best seller*.
- Ver un México sin pobreza ni discriminación, libre y seguro.

Todo lo mencionado puede pasar de ser un anhelo a volverse imprescindible, por eso el orden, en ambas listas, no altera su nivel de importancia.

¡Qué reconfortante es saber que nada puede impedirnos tener fe, meditar, orar, comunicarnos con nuestro Dios y estar en contacto con nuestro ser espiritual!

Decide ser feliz

Y a ti, ¿qué te hace feliz?

Motivada con el tema y deseando comparar mi lista con la de otras personas, envié un correo electrónico a familiares y amigos, y les pedí que escribieran, sin tomarse demasiado tiempo para pensarlo, cinco cosas o actividades que los *hacían* sentir felices, y cinco cosas o actividades que les *provocarían* felicidad.

Me agradó muchísimo contar con tanta disposición por parte de ellos para contestar mi solicitud, y les estoy muy agradecida. Y algo que me dio más gusto aún fue recibir, de varios de ellos, el comentario acerca de que mis preguntas los habían hecho detenerse por un momento para reflexionar sobre su vida, al mismo tiempo que tomaban conciencia de que eran personas felices, y terminaban agradeciéndome por hacérselos notar.

Siendo las consultadas personas de diferentes sexos y edades, que viven en diferentes países, casados, solteros, heterosexuales, homosexuales, profesionales, empleados, ejecutivos, artistas, con diferentes estatus económicos, es sorprendente el número de coincidencias en las respuestas.

Por abrumadora mayoría, coinciden en que compartir su tiempo con la familia, padres, hermanos, pareja e hijos, es definitivamente la fuente de mayor felicidad. En segundo lugar está disfrutar a los amigos. El trabajo, sorprendiendo lo que algunos podríamos pensar, es generador de gusto y felicidad para muchos. Y es seguido por actividades o pasatiempos como escuchar música, leer, hacer ejercicio, bailar, comer rico o jugar con una mascota. Viajar, meditar, rezar y hacer el amor ocupan un lugar especial, por haber sido mencionados por más de la mitad de los consultados. En cambio, y contrario a lo que podríamos suponer, encontrar galán, rejuvenecer o tener más dinero, sólo obtuvieron una o dos menciones.

De las personas a quienes envíe mi encuesta, a unas las conozco más que a otras. Me uno a ellos y sé que todos hemos sido tocados, en algún momento, por el dolor de la pérdida de un ser querido. También sé que tenemos presiones económicas, que padecemos por la falta de seguridad, que nos afecta la contaminación, que a veces necesitaríamos que nuestro día tuviera más de 24 horas y que más de una vez quisiéramos regresar sobre nuestros pa-

Decide ser feliz

sos para cambiar una decisión. Sin embargo, no utilizamos esas desgracias o males que nos son comunes como excusa para no ser felices, no dejamos que el dolor o la ira empañen para siempre nuestro horizonte. Por el contrario, somos capaces de vivir nuestros duelos, enfrentar las adversidades y seguir adelante con nuestro compromiso de vida.

No permitimos que los problemas nos impidan ver que tenemos la capacidad de gozar la dicha de estar vivos, la fortuna de pertenecer a una familia y la suerte de tener amigos, somos felices porque tenemos quién nos ama y a quién amar.

¡Qué maravilloso es disfrutar de nuestro trabajo, sintiendo que los contratiempos son retos a nuestra inteligencia e impulso a nuestro desarrollo! ¡Qué reconfortante es saber que nada puede impedirnos tener fe, meditar, orar, comunicarnos con nuestro Dios y estar en contacto con nuestro ser espiritual!

¿Cuánto cuesta escuchar música, leer, hacer ejercicio, bailar, jugar con nuestra mascota? Definitivamente, la felicidad no se compra con dinero.

Y, como dije antes, las actividades o experiencias que nos hacen felices muchas veces están al alcance de nuestras manos, pero no las practicamos porque no les dedicamos tiempo o, a veces, simplemente porque no pensamos en ellas.

En las respuestas que recibí a la pregunta *¿Qué te haría feliz?*, nuevamente la familia ocupa un primer lugar, con la diferencia, de que se añade la proyección a futuro. Todos deseamos ver a nuestros hijos convertidos en personas de bien, sanas y triunfadoras. También el éxito logrado por las personas que amamos nos da felicidad. Tener salud y cumplir objetivos son ambiciones compartidas por la mayoría. Y un mundo sin guerras, pobreza, discriminación, contaminación ni violencia, nos haría más felices a todos.

Esta encuesta que llevé a cabo de manera elemental y entre mis conocidos, tú la puedes extender a toda tu gente y te encontrarás con respuestas muy similares.

Te invito a hacer tu propia lista de las cosas que te hacen feliz, puedes completar el ejercicio elaborando de manera paralela otra lista que describa la forma como empleas tu tiempo. Después compara ambas anotaciones. Esta práctica podrá ayudarte a tomar decisiones para realizar los ajustes que tu vida necesita, a fin de disfrutarla más.

Lo mismo puedes hacer con las cosas que te harían felices. Conocerlas, saber lo que deseas y cuánto lo anhelas; todo ello te servirá para trabajar en la dirección correcta para conseguirlas. Con gusto descubrirás que llegar a tu ideal quizás no está, para nada, fuera de tus posibilidades.

Te sugiero que apuntes tus elecciones, e invites a tu pareja, hijos o familiares cercanos, a elaborar su propia lista de la felicidad. Luego, pueden compartirlas, leerlas juntos, sin juzgar ni criticar, simplemente con el interés de conocernos más y descubrir cómo ayudar a las personas que amamos para que logren sus propósitos. También ellos, al saber de nuestros gustos, deseos y aspiraciones, estarán encantados de comprometerse a ayudarnos a hacerlos realidad.

Ahora que llegas al final de este libro, que en realidad no tiene principio ni fin, déjalo a la mano. Estaré ahí para recordarte tu decisión de ser feliz.

*Si cada día tienes una meta que escalar
y una sonrisa para regalar,
te lo firmo… tú eres una persona feliz.*

Si al abrir los ojos cada mañana,
agradeces por lo maravilloso que es estar
con vida.
Y te levantas, como decía mi mamá: "siempre con
el pie derecho",
seguro de que: "hoy te va a ir mejor que ayer".

Si sales a la calle llevando en tus manos,
las riendas de tu destino,
te concentras en tus habilidades,
y disfrutas tu trabajo, sin dejarte presionar por el
tiempo,
ni agobiar por los problemas económicos.

Y compartes con amigos la diversión.
Sin criticarte,
y aprendes a reírte de ti mismo
siendo positivo,
aun en los momentos de mayor adversidad.

Si cada día tienes una meta que escalar
y una sonrisa para regalar,
te lo firmo... tú eres una persona feliz.

MARGARITA GRALIA

Contenido

Prólogo, por *Gloria Noriega*	15
Introducción	27
Drenaje mental o me dispongo a ser feliz	33
La pregunta incómoda	41
Autoestima y felicidad	46
Clases para ser feliz	55
Permiso, protección y potencia	61
Ser responsables de nuestra felicidad	66
Decidirse a ser feliz	71
Arriesgarse por la felicidad	81
Me arriesgué por mi felicidad	89
Felicidad en pareja	94
El sexo y la felicidad	104
No confundir comodidad con felicidad	114
Que nos guíe la intuición	118
Paulina: "Le hice caso a mi intuición y gané"	122

Nadie es perfecto	127
Drama Queen	132
La falta de salud y el estrés no te dejan ser feliz	137
Depresión	160
Preparado para morir pero no para vivir	166
Sin tiempo para ser feliz	173
La felicidad de no hacer nada	177
La más lista de las *listas*	181
Y a ti, ¿qué te hace feliz?	187
[*Si al abrir los ojos cada mañana*]	193

Bibliografía recomendada

Chopra, Deepak. *Las siete leyes espirituales: una guía práctica para la realización de los sueños*. Norma, Bogotá, 2001.

Clark, Virginia. *El perdón, camino a la felicidad*. Diana, México, 2008.

Cury, Augusto. *Cambia tu vida*. Zenith, México, 2009.

Frankl, Viktor. *El hombre en busca de sentido*. Herder, Barcelona, 2004.

Gilbert, Daniel. *Tropezar con la felicidad*. Destino, México, 2006.

Hay, Louise L. *Tú puedes sanar tu vida*. Diana, México, 1991.

___. *Grandes momentos de nuestra vida*. Diana, México, 2009.

Rubio Aurioles, Eusebio. *Antología de la sexualidad humana*. Miguel Ángel Porrúa, México, 2007.

Russell, Bertrand. *La conquista de la felicidad*. Debolsillo, México, 2007.

Stewart, Ian. *AT Hoy, una nueva introducción al análisis transaccional*. Editorial CCS, Madrid, 2007.

Westheimer, Ruth. *Dr. Ruth's Sex After 50: Reviving up then Romance, Passion & Excitement*. Linding Publishing, Estados Unidos, 2005.